AF403862

HISTOIRE

DE

CHATEAUBRIANT.

CHÂTEAUBRIANT, IMPRIMERIE DE CHEVALIER

AUX HABITANTS

DE L'ARRONDISSEMENT DE CHATEAUBRIANT,

AUX BRETONS.

ARMES

DE

LA VILLE DE CHATEAUBRIANT

CONFORMES

AU DESSIN OFFICIEL FOURNI PAR M. LE MAIRE.

HISTOIRE

DE

CHATEAUBRIANT

et de

SES BARONS,

suivie

D'UNE NOTICE SUR LA VILLE ET SES ENVIRONS,

SUR DERVAL, LA MEILLERAYE, ETC.,

NORT ET LES BORDS DE L'ERDRE,

par

DU LAURENS DE LA BARRE.

CHATEAUBRIANT.

CHEZ J.-R. CHEVALIER, IMPRIMEUR-LIBRAIRE, ÉDITEUR.

—

1853.

avant d'entrer en matière, que, malgré l'indifférence qui accueille trop souvent ces notices locales, il serait pourtant à désirer que chaque ville fît écrire ses annales. C'est là, en effet, lorsque les antiques restes de la féodalité auront disparu pour toujours, que les âges futurs viendront puiser d'utiles notions historiques. Si notre voix était entendue, que de renseignements inconnus on verrait surgir tout-à-coup ! — L'histoire n'y trouverait-elle pas une nouvelle et profitable lumière ?

INTRODUCTION.

—

De toutes les villes ou places anciennes de la Bretagne, Châteaubriant est une de celles qui méritent le plus d'exciter la curiosité des voyageurs ; de ceux qui, dans leurs excursions laborieuses. s'efforcent, pour ainsi parler, de lire sur les vieux monuments, ou de suivre, sur la poussière de leurs ruines. les traces à demi-effacées de l'histoire.

Cependant, en écrivant cette notice, nous allons essayer d'être utile non-seulement aux visiteurs historiens ou antiquaires dont nous venons de parler, mais encore aux touristes ou étrangers que les sites pittoresques de notre Bretagne intéressent bien plus que les récits de ces guerres qui trop longtemps agitèrent la vieille Armorique.

Nous diviserons donc cet ouvrage en deux parties : la première essentiellement historique, sera consacrée au récit des événements qui se passèrent en ces lieux, et de ceux où les Barons de Châteaubriant ont figuré ; elle contiendra leur histoire et leur généalogie.......

La seconde partie, topographique et descriptive, servira de guide au voyageur : mais, qu'il nous soit permis d'ajouter,

LA BARONNIE

DE

CHATEAUBRIANT.

Cette ville était appelée Cadètes, du temps des Romains. Ce n'était alors qu'une place forte (*oppidum*); un château isolé qui vit sans doute flotter sur ses murs les aigles Romaines et les enseignes de César : ce que prouvent d'abord le nom ancien que cette place dut recevoir des conquérants du monde, et, en second lieu, les voies Romaines qui, de Blain, se rendaient à Cadètes ou *Castro-Brientinum*.

Le château primitif subit nécessairement de nombreuses transformations durant les premiers siècles de notre ère. Les comtes de Nantes le possédèrent dans la suite.

Ce fut le comte BRIENT Ier, — fils d'Eudon, comte de Penthièvre, frère du duc de Bretagne, Alain V, — qui fit élever un château sur les ruines de l'ancienne forteresse, et jeter les premiers fondements de la ville qu'il appela, de son nom, Châteaubriant. En 1056, ce seigneur, ayant eu pour apanage tout le pays des alentours, fonda non loin de sa demeure le prieuré de Saint-Jean-de-Béré, qu'il donna aux moines de Marmoutier. Ce don fut confirmé par Geoffroi, fils de Brient, et par Goscho, fils et successeur de Geoffroi.

Un procès étrange s'éleva, au sujet de ce prieuré, entre les moines de Redon et ceux de Marmoutier, et ne fut terminé

que vers 1104, au concile de Nantes.
Béré fut donné définitivement à l'abbaye
de Marmoutier, « qui pour se réconcilier
avec celle de Redon , dit le chroniqueur,
lui céda l'île Darré dans la Loire , et
une chapelle sacerdotale de vingt livres.
Connaissait-on alors la Simonie ? Très-
certainement : elle est d'une date bien
plus ancienne. Cependant la charité nous
oblige à croire que ces bons moines ne la
connaissaient pas. »

Goscho fit terminer la chapelle de Béré,
telle qu'on la voit encore aujourd'hui.
« Estant tombé en langueur de maladie,
il alla en Gascogne en espérance de
médecins qui lui pussent apporter du
soulagement à son mal : mais ce fust pour
néant (¹) , » car il y mourut, et ordonna
par son testament que son corps fut déposé,
dans les caveaux de Saint-Jean-de-Béré,
1114.

(1) Les notes et renvois se trouvent à la fin du volume.

Sous le règne de Conan IV, duc de Bretagne, Châteaubriant fut érigé en Baronnie en faveur de Briant II (^A).

Son fils GEOFFROI II, fonda le prieuré de Saint-Michel-des-Monts. 1204. Ce baron mourut en 1206, et fut inhumé dans la chapelle du prieuré.

Fidèle à la cause de la duchesse Constance et d'Arthur, Geoffroi s'était rendu à Saint-Malo-de-Beignon, le jour de l'Assomption (1196), avec un grand nombre d'autres seigneurs, pour s'y préparer à la guerre contre Richard-Cœur-de-Lion, et prêter serment de fidélité au jeune duc Arthur, que la Bretagne saluait avec transport; mais hélas! quelques années plus tard, un sort fatal devait livrer ce prince infortuné à la fureur de Jean-sans-Terre. 1203.

GEOFFROI III succède ensuite à la Baronnie de Châteaubriant, et fonde de concert avec Guillaume de la Guerche, le prieuré de la Primaudière, dans la forêt de Juigné. 1207. L'abbaye de Saint-Martin, dans la forêt de Teillé, est également fondée par lui. 1221. Geoffroi fit don de la chapelle primitive aux Jacobins qui y bâtirent un monastère au commencement du quinzième siècle, et le cédèrent aux Cordeliers. On voit encore, au milieu de la forêt, — non loin de la Roche-Giffard, charmante habitation bâtie dans un site admirable — les ruines du couvent de Saint-Martin.

Nous arrivons à cette fameuse bataille, livrée auprès de Châteaubriant, sur les hauteurs de Béré, le 3 mars 1223. Exposons d'abord les causes de cette guerre civile : On sait que Philippe-Auguste, après le meurtre d'Arthur, avait marié Alix, fille de Constance et de Guy de Thouars, à Pierre de Dreux, prince

Français, arrière petit-fils de Louis-le-Gros. A peine monté sur le trône de Bretagne, Pierre de Dreux, surnommé Mauclerc, redoutant la puissance du clergé, résolut de détruire les priviléges exorbitants des évêques. Mais bientôt il se vit excommunié, et condamné par le pape à des restitutions énormes envers les prêtres, abbés, chapitres, etc.

Pierre de Dreux craignait également la noblesse Bretonne qui ne pouvait oublier son origine Française. Il voulut abattre « ses deux ennemis l'un par l'autre, et souleva la noblesse contre le clergé. Il eut l'adresse de faire entrer tous les Barons dans ses vues, et les usurpations ecclésiastiques furent combattues pied à pied (²). » Il confisqua les régales, défendit la perception de la dîme, et suspendit les évêques de Dol, de Rennes et de Tréguier. Alors les anathèmes fondirent sur les rebelles; les églises furent fermées, les sujets déliés de leur serment.

Le duc et les Barons résistèrent d'abord aux foudres de Rome ; tout-à-coup, effrayé du péril où son audace précipitait la Bretagne, Pierre de Dreux finit par céder aux évêques et leur rendit presque tous leurs priviléges.

Mais son esprit remuant et ambitieux le jeta bientôt en des embarras plus graves peut-être. Il voulut s'arroger les droits maritimes de brefs et de bris, ou de sauvetage (³), que les comtes de Léon percevaient depuis Hoël II. Ceux-ci défendirent leurs droits les armes à la main, et entraînèrent dans leur parti un grand nombre de seigneurs, jaloux de leurs prérogatives : c'étaient les Rohan, les Penthièvre, le comte de Vendôme, Soudan du Faou, Hervé du Pont, Hardouin de Maillé, Amaury de Craon, etc.

Cette ligue étant formée, ils prirent les armes sur le champ, ravagèrent la

Bretagne pendant deux ans, et s'emparèrent des terres, villes et châteaux des Barons de la Guerche et de Châteaubriant. Plusieurs seigneurs de l'Anjou, du Maine et de la Normandie vinrent se réunir aux Bretons revoltés ; lorsque Pierre de Dreux, qui comptait dans son armée les Barons de Fougères, de Châteaubriant, de Vitré, de Dol et d'Avaugour, marcha à leur rencontre et vint leur présenter la bataille sur les hauteurs de Béré. Le combat fut sanglant et opiniâtre ; bon nombre de braves chevaliers y perdirent la vie : « C'estoient, dit d'Argentré, mêmes armes, même sang, même cœur ; la terre fust incontinent couverte d'hommes morts. »

La victoire semblait indécise, alors Pierre de Dreux, dont la valeur égalait l'impétuosité, fondit sur la cavalerie des Normands, la repoussa, la mit en fuite, et fut vainqueur. Les rebelles posèrent les armes, et se soumirent. Les Sires de

Léon, de Craon et de Vendôme, furent faits prisonniers et conduits au château de Touffou, paroisse de Bignon, où ils demeurèrent longtemps. Geoffroi de Châteaubriant rentra en possession de ses domaines.

Telle fut l'issue de cette bataille qui affermit Pierre de Dreux sur le trône de Bretagne. Mais continuons l'histoire de ce prince ; Châteaubriant s'y trouve encore mentionné plus d'une fois.

La paix ne fut pas de longue durée : Menacé par la France à cause de ses vues ambitieuses, Mauclerc s'unit aux ennemis de la régente Blanche de Castille, mère de Saint-Louis. Une conspiration s'était formée contre la Reine : On devait lui ravir le jeune monarque et la régence en même temps, lorsque Thibault, comte de Champagne, fit échouer le complot en le dévoilant à Blanche de Castille qu'il aimait secrètement. 1228.

Oubliant alors qu'il devait à la France

une reconnaissance éternelle, Pierre alla demander des secours à Henri III, roi d'Angleterre. Les Barons, offensés de cette alliance de leur duc, refusèrent de le servir. Geoffroi de Châteaubriant prit avec eux les armes pour le roi de France ; tant était violente la haîne des Bretons contre les Anglais ! Il mourut pendant cette guerre, sans laisser d'enfants de son mariage avec Béatrix, vicomtesse de Monte-Rebelli. 1233.

Ces pieux époux firent des dons considérables aux abbayes de Saint-Michel et de Béré, comme on le voit en la curieuse donation dont voici quelques mots : « Ego Beatrix domina Montis Rebelli vidua et in viduitate mea plenaria potestate existens, confirmo.... »

GEOFFROI IV, neveu du précédent, selon le cartulaire du prieuré de Béré, recueillit les domaines et baronnie de

Châteaubriant, à l'âge de dix-sept ans. Il termina d'abord le différend qui existait entre sa famille et la maison de Candé. à cause des bois de Juigné. Entr'autres conditions, il fut dit que si les Seigneurs de Châteaubriant « mettoient trois forgerons ès forges de ladite forest, le Baron de Candé mettroit le quatrième. » Ce titre est de 1237.

Cependant la guerre continuait entre le duc de Bretagne et le roi de France. Geoffroi de Châteaubriant entra sans doute dans le parti de Mauclerc, car les auteurs rapportent que « Louis IX envoya dans le comté de Nantes une armée qui s'empara de Châteaubriant et ravagea tous les environs. 1235. » Mais bientôt le duc de Bretagne, ayant perdu la plupart de ses défenseurs, dut implorer la clémence de Saint-Louis.

Après avoir donné sa couronne à son fils Jean Ier, Pierre de Dreux partit pour l'orient et commanda la quatrième croisade. 1239.

« Ne pouvant vivre en repos » il retourna en Palestine avec Geoffroi de Château-briant (^B). Ils allèrent combattre les infidèles sous la bannière de Saint-Louis. 1250. Pierre reçut une glorieuse blessure à la bataille de Mansourah, où les croisés furent défaits : Saint-Louis fut chargé de chaînes avec ses chevaliers. Ce monarque, ayant payé pour sa rançon et celle de ses barons « un million de bezants, revint en France avec notre Geoffroi » et lui permit, en récompense de ses services et de son courage, de remplacer sur son écu ses pommes de pin par des fleurs de lis d'or. 1254.

Cependant, ajoute la chronique, sans nouvelles de Geoffroi, après une si longue absence, la baronne Sybille de Château-briant pleurait sa mort, avec tant d'amer-tume et de désespoir, que le retour inattendu de son mari la fit mourir de joie en l'embrassant.

Voici comment le révérend Augustin

Dupaz, docteur en théologie (notre guide en ce travail), rapporte ce fait dans son histoire généalogique des illustres maisons de Bretagne : « Estant près de son chasteau, nostre Geoffroi le fist scavoir à sa femme, laquelle alla promptement au devant de luy, et à la rencontre et accolade cette bonne dame trespassa de joye entre ses bras. Tesmoignage de la vraye, parfaite et intime amitié qu'elle portait à son seigneur, mary et espoux. Cela estoit représenté au vitrail de l'Eglise priorale de la Trinité, ou Rédemption des captifs, fondée depuis par ledit Geoffroi, » en mémoire de sa captivité et de son infortune.

GEOFFROI V succède à son père, en 1263, et gouverne ses seigneuries durant l'espace de vingt-un ans. Il avait épousé en premières noces Belleassez de Thouars, et, en secondes, Marguerite de

Lusignan. Son fils aîné, Geoffroi VI, fut ensuite Baron de Châteaubriant. 1284.

JEAN II, duc de Bretagne, ayant fait alliance avec Henri III, roi d'Angleterre, convoqua ses chevaliers à Ploërmel. Nous lisons sur l'état de son *ost* (armée) donné par Lobineau, page 282 : « On y vit donc comparoître, du diocèse de Rennes, Guy de Laval, seigneur de Vitré, le Baron de Châteaubriant, etc.,... du bailliage de Nantes, les Seigneurs de Rougé, d'Ancenis, de Clisson, de Guérande, Geoffroi de la Tour, les sires de la Muce, de Sion, de Rézé, etc. »

GEOFFROI VII, fils de Geoffroi VI, et d'Isabeau de Machecoul. 1301. Il épouse Jeanne de Belleville qui lui donne deux enfants, Louise et Geoffroi VIII. Il mourut en 1326; sa veuve se remaria avec le

sire de Clisson, « duquel mariage issit
Olivier de Clisson, qui fust connestable
de France. »

En ce temps, la terrible lutte des deux
maisons de Blois et de Montfort couvrait
la Bretagne de sang et de ruines. Le
comte Jean de Montfort, en mourant,
avait légué à Jeanne de Flandre, sa
veuve, son courage héroïque et la cause
de son jeune fils à défendre contre des
forces Françaises, Espagnoles, Génoises
et la moitié de la Bretagne coalisées.
Jeanne de Montfort, il est vrai, comptait
des Anglais parmi ses défenseurs, mais
elle était réellement la tête et le bras de
son parti. « Elle se couvrit de l'armure
des chevaliers, et, tenant son fils dans
ses bras, parcourut les villes de Bretagne,
qu'elle enflamma par son héroïsme et sa
beauté. (⁴) »

Nous ne pouvons entrer ici dans
les détails de cette guerre étonnante,

« presque fabuleuse ; » un seul combat va nous occuper en ce moment, parce qu'il rentre dans notre sujet. — Les meilleures places de la Péninsule Armoricaine étaient tombées au pouvoir des Anglais, qui combattaient pour Montfort. Charles de Blois résolut de leur enlever La Roche-Derrien, que gardait Thomas d'Agworth, « l'Achille Anglais. » Charles avait encore quinze mille hommes dans son armée : Les Barons de Derval, de Châteaubriant, et nombre d'autres chevaliers, renommés par leur valeur, le suivirent dans cette expédition. L'assaut fut rude et terrible ; d'Agworth y fut pris et délivré ; de Blois s'y couvrit de gloire. La nuit même ne put interrompre l'action ; la victoire était indécise, lorsque cent armures de fer, envoyées d'Hennebon par Jeanne de Montfort, tombèrent comme la foudre sur les assiégeants, surpris par cette attaque nocturne. Alors, couvert de blessures, Charles, forcé de reculer, s'adossa contre un moulin à vent et se défendit comme un lion. Enfin ses forces l'abandonnèrent; accablé par le nombre, il succomba et se rendit. A ses côtés, furent tués les seigneurs de Rohan, de Laval, de Rougé, de Derval et Geoffroi de Châteaubriant, deux cents chevaliers et quatre mille hommes d'armes. 20 juin 1347.

GEOFFROI VIII fut inhumé à l'abbaye de la Meilleraye. Ce Baron, le dernier de la maison de Brient, étant mort sans enfants, de son union avec Isabeau d'Avaugour, la Baronnie échut à Louise de Châteaubriant, sa sœur. L'année suivante, elle épousa Guy de Laval; mais leurs enfants moururent jeunes, si l'on en croit le docteur Dupaz. Cependant, lorsque le duc Jean IV, après avoir fui en Angleterre, rentra triomphalement dans son duché (1379), les premiers seigneurs qui, d'après les Bénédictins, « vinrent lui jurer de vivre et de mourir avec lui, furent Brient de Châteaubriant, sire de Beaufort, Vauclerc de Lamballe, le vicomte de Dinan, Penguilly, Jean-du-Mur.... » (5).

II

Charles de DINAN, seigneur de Montafilan, recueillit l'héritage de Louise et de Guy, par représentation de son aïeule maternelle, Thomase de Châteaubriant, fille de Geoffroi VI. 1383. « Ses gestes seroient longs à raconter. » D'Argentré nous apprend qu'au siége de Brest, que le connétable de Clisson voulait enlever aux Anglais, « estoient chefs Charles de Dinan, Jean de Malestroit, le capitaine Morfoace, le vicomte de la Bellière, tous vaillants capitaines, envoyéz par Clisson pour assiéger cette place. Le combat dura longuement et fust très vaillamment assailly. » (ᶜ)

En 1408, Jean V, dit le Sage, duc de Bretagne, partit de Rennes pour se rendre à Paris, à la tête d'une armée. Il s'arrêta quelques jours à Châteaubriant, où Charles de Dinan et Jeanne de Beaumanoir sa femme, « le festoyèrent grandement. » Puis, continuant sa route, en compagnie du Sire de Châteaubriant, le duc se rendit à Melun ; « là, il fust recueilly de grande volonté par la Royne Ysabeau, qui n'avoit autre fiance que sur luy, » pour apaiser les démêlés sanglants des Armagnacs et des Bourguignons.

Charles de Dinan étant mort en 1418, eut pour successeur ROBERT son fils, qui prit en mariage Jeanne de Chatillon, fille du comte de Chatillon-Penthièvre et de Marguerite de Clisson (ᶜ).

Malgré cette alliance, nous le voyons préndre les armes, avec plusieurs autres seigneurs, pour délivrer Jean-le-Sage, que Marguerite et le comte de Blois, son fils, retenaient captif à Chantoceaux. 1420.

N'ayant pas d'enfants, après la mort de Jeanne, Robert se fit moine au couvent de Saint-Martin. BERTRAND de Dinan, son frère, lui succède en 1430 ; le duc, Jean V, le nomme ensuite maréchal de Bretagne. Il meurt en 1444, sans héritier de ses deux femmes, Marie de Surgères et Jeanne d'Harcourt.

Sous François Ier, duc de Bretagne, Châteaubriant passe, pour quelque temps, dans la famille ducale, par le mariage de GILLES, frère de ce duc, avec Françoise de Dinan ; elle était fille unique de Jacques de Dinan (cinquième fils de Charles), et de Catherine de Rohan.

Devenu seigneur de Châteaubriant, de Beaumanoir, de Bain, de la Hardouinaye, et de Montafilan, Gilles réclama de nouveau pour son apanage, fit au duc des menaces de guerre, et s'enferma au château fort du Guildo, où François, dans sa colère, le fit arrêter par quatre cents lances françaises. 1446.

Traîné de cachot en cachot, Gilles fut enfin emprisonné au château de la Hardouinaye, et livré à des gardiens cruels, qui allaient être ses bourreaux : c'étaient Olivier du Méel, Rageart, Oreille-Pelue, Bréron, dignes affidés d'Arthur de Montauban, que Gilles avait supplanté auprès de Françoise de Dinan. On dit que Rageart alla en Italie, « y quérir du poison dans cette académie des empoisonneurs. » Mais comme Gilles résistait trop longtemps à leurs tentatives, ils résolurent de le faire mourir de faim.

« Il se trouva un jour une pauvre femme, voisine du chasteau, qui passant sur le fossé, ouit la clameur de ce pauvre homme de pitié ; et se laissant couler dedans la douve, posa sur la fenestre de sa chambre basse du pain ; tel qu'elle avoit ; tellement qu'il en fust nourri le temps de six semaines. Voyant à la fin qu'il ne pouvoit plus se soutenir, et que sa mort estoit délibérée, il pria cette pauvre femme, de luy faire venir quelque homme de religion. Ce qu'elle fist, luy menant à heure secrette un religieux cordelier, auquel par le travers de la grille il se confessa. » Peu de temps après, on trouva Gilles étranglé dans son cachot (⁶).

Un jour que François Iᵉʳ chevauchait par les grèves du mont Saint-Michel, un cordelier se présenta devant lui, disant qu'il était chargé par messire Gilles de Bretagne de l'appeler au juste jugement de Dieu, et qu'il l'ajournait au quaran- tième jour, à ce tribunal suprême. Le duc en fut tellement épouvanté, il en demeura si triste « et si mélancolieux, » qu'au jour fixé, il succomba sous le poids de ses remords. 1450.

Leçon terrible de l'histoire, et qui, selon le chroniqueur, « doit servir d'exemple à tous princes d'estre sages et modérés. »

Après la triste fin de Gillès de Bretagne, Françoise de Dinan, sa veuve, épousa GUY de Laval, vicomte de Rennes, qui devint ainsi Baron de Châteaubriant. 1451.

Dans la suite, quand les grands vassaux du royaume de France eurent formé contre Louis XI la célèbre ligue, connue sous le nom de ligue du bien public, Châteaubriant vit les principaux ligueurs dans ses murs. 1465.

Le duc de Bretagne, François II, s'unit aux mécontents, de l'avis des états, et en obtint des subsides pour commencer la guerre. La ligue avait pour chefs le frère du roi, Charles de France, duc de Berry, le comte de Charolais, fils de Charles-le-Téméraire, duc de Bourgogne, les comtes d'Albret et de Dunois. Le 28 juin 1465, le duc de Berry et une foule de ses partisans vinrent à Châteaubriant : les prisons furent ouvertes, et de brillantes fêtes furent données en l'honneur de ce prince.

Guy de LAVAL mourut à son château, le 2 septembre 1486 : François de Laval, son fils, hérita de ses titres, mais Françoise de Dinan, sa veuve, conserva la jouissance de la seigneurie jusqu'à sa mort arrivée à Nantes, en 1499 (^c).

Le maréchal Jean de Rieux, François de Laval, son gendre, seigneur de Montafilan et de Châteaubriant, les sires de Derval, d'Avaugour, de Kerguézengor, et autres seigneurs Bretons, formèrent à Châteaubriant une ligue contre François II (1487); mais craignant que Charles VIII n'en profitât pour s'emparer de la Bâronnie, Jean de Rieux se réconcilia avec le duc, et se mit à la tête de ses troupes unies aux partisans du duc d'Orléans ; la cour de France venait de condamner ce prince, à cause de son alliance avec François II, qui lui promettait la main d'Anne de Bretagne, sa fille. On sait que cette jeune princesse était déjà promise à Maximilien d'Autriche, roi des Romains.

Le maréchal marcha sur Châteaubriant qui lui ouvrit ses portes sans défiance, et se rendit au château, « où il trouva François de Laval dînant avec quelques autres gentilshommes : il leur déclara qu'il s'emparait de la place, au nom du duc de Bretagne ; mais qu'il y était entré comme ami, et qu'il permettait à tous ceux du parti contraire d'en sortir avec armes et bagages. ([7]) »

Dès le printemps de l'année suivante, le duc de la Trémouille, à la tête de douze mille hommes et d'une artillerie formidable, vint mettre le siége devant

Châteaubriant : la place ne put tenir bien longtemps contre de telles forces, et, malgré leur courage, ses défenseurs capitulèrent, après huit jours de résistance. Alors, La Trémouille fit démolir, par ordre du Roi, le vieux château et les remparts. Avril 1488.

Trois mois après, le 25 juillet, jour à jamais fatal, la Bretagne joua, contre la France, sa dernière partie, dans la grande bataille de Saint-Aubin-du-Cormier : l'armée Bretonne avait à peine huit mille fantassins, deux mille chevaux, et quelques lansquenets d'Autriche, envoyés par Maximilien ; l'avant-garde était commandée par le maréchal de Rieux ; le corps de bataille et l'arrière-garde étaient sous les ordres des sires d'Albret et de Châteaubriant. La Trémouille commandait l'armée Française. Après une canonnade meurtrière, les lansquenets prirent la fuite et mirent le désordre parmi les Bretons ; le sire d'Albret et le baron de

Châteaubriant « furent entraînés dans la déroute de leurs soldats. » La bataille était perdue…. Deux mois après ce grand désastre, le dernier duc de Bretagne reposait dans la tombe.

JEAN DE LAVAL, fils aîné de François de Laval, mort en 1503, et de Françoise de Rieux, épousa « au désir de la reine Anne de Bretagne » la belle Françoise de Foix. Il suivit à la guerre François Ier, roi de France, et s'y couvrit d'honneur et de gloire. En récompense de sa valeur, le roi lui donna le collier de son ordre, et le gouvernement du duché de Bretagne. « Jean de Laval fist bâtir ce beau et excellent chasteau de Chasteaubrient, auprès des ruines de l'ancien. 1524. C'est une des plus belles, plaisantes, agréables et salutaires demeures qui se puissent trouver et qui toutefois tombe déjà en ruine et décadence. »

AVENTURE DE LA COMTESSE DE CHATEAUBRIANT.

Françoise, sœur du maréchal de Foix et du brave Lautrec, était fille de Phébus de Foix. Son père la maria, dès l'âge de douze ans, au comte Jean de Laval-Montmorency : ensevelie, après son mariage, au fond de son château, la comtesse, dont la vertu égalait la beauté, vivait en ces lieux, tranquille et ignorée; contente des premières caresses d'un époux, elle ne regrettait pas la liberté, et se croyait heureuse « parce qu'on lui avait dit qu'elle devait l'être. »

Appelé à la cour de François Ier, Jean de Laval résolut à tout prix d'en éloigner sa femme; et, prévoyant les instances qui lui seraient faites à ce sujet, il songea aux moyens de les éluder. Il fit graver deux bagues semblables, en laissa une à la comtesse, et lui défendit de jamais quitter sa retraite, lors même qu'il viendrait à lui en donner l'ordre par écrit, « à moins que cet ordre ne fut accompagné de la bague qu'il gardait. » Françoise promit.

Cependant le bruit de sa beauté merveilleuse parvint jusqu'à François Ier; « ce prince, qui détournant le mot de Périclès, disait qu'une cour sans femmes est un printemps sans roses, voulut orner sa cour de la rose prisonnière. » ([8]) Les courtisans partageaient le désir du monarque; ils raillèrent longtemps le comte de sa conduite singulière à l'égard de sa femme, si bien que, poussé à bout, Jean de Laval écrivit à la comtesse une lettre pour la prier de venir à la cour. Sa bague lui fut, dit-on, dérobée par son valet de

chambre, et mise dans la lettre. Bientôt
Françoise de Foix parut à Fontainebleau...
Le comte anéanti de surprise et de douleur,
s'éloigna tout-à-coup, abandonnant sa
femme aux séductions d'une cour galante:
« elle fut aimée de François Ier, et céda à
sa passion après une assez longue résistance. » ([8])

Pour réparer la perte du Milanais, le che-
valeresque monarque repassa les monts,
en 1525, et fut fait prisonnier à la bataille
de Pavie. Françoise alors revint à Châteaubriant, et sut se réconcilier avec son
mari, qui s'occupait d'embellir le château
neuf.

En 1532, François Ier, voulant obtenir
des états assemblés à Vannes l'union de
la Bretagne à la France, se rendit à
Châteaubriant, et fut accueilli par Jean
de Laval; le roi revit sa belle maîtresse,
et, lorsqu'après un séjour de six semaines
il retourna à Paris, la comtesse ne put
résister au désir de le suivre et de briller

encore à la cour. Elle y demeura plus de deux ans, jouissant de la royale faveur. Mais le prince inconstant ne tarda pas à l'abandonner pour Anne d'Heily, duchesse d'Etampes. « La duchesse, nous dit Brantome, pria le roy de retirer à sa rivale les beaux joyaux qu'il lui avoit donnés, non pour le prix et valeur, mais par amour des belles devises qui estoient mises et engravées. Pour lors madame de Châteaubriant envoya quérir un orfèvre, lui fist fondre tous les joyaux, et les rendit convertis en lingots. « Allez, répondit-elle au gentilhomme du roi, et dites-lui que, puisqu'il lui a plu me révoquer ce qu'il m'avoit donné si libéralement, je le lui rends en lingots d'or. Quant aux devises, je les ai si bien empreintes en ma pensée, et les y tiens si chères, que je n'ai pu souffrir que personne en disposât, et en eust plaisir que moi-même. »

Ne craignant plus la colère du roi, le

mari offensé résolut de punir l'épouse
coupable, et se livra aux transports de sa
fureur jalouse. Il enferma la malheureuse
comtesse, avec sa petite fille âgée de sept
ans, dans une sombre tour, tendue de
noir, éclairée par des cierges funèbres,
« au milieu de laquelle s'élevait un
tombeau. » Elles furent oubliées six mois
dans cette lugubre retraite : La petite fille
mourut au bout de ce temps. Ce fut alors,
selon Varillas, que le cruel Baron ne se
voyant arrêté par aucun obstacle, devint,
pour ainsi dire, le bourreau de sa femme :
« Il entra dans sa chambre avec quatre
hommes et deux chirurgiens; » les larmes
et la beauté de la victime ne firent
qu'augmenter sa fureur. Il rappela, dans
sa jalousie, à la maîtresse de François Ier,
le déshonneur qui couvrait le blason des
Laval ; puis, sourd à la voix de la pitié,
il ordonna aux chirurgiens de lui ouvrir
les veines.... Françoise expira quelques
heures après. 1536-1537.

Cette triste aventure a été démentie, ou du moins controversée ; mais ce serait, il faut en convenir, peine perdue que de vouloir réhabiliter Françoise « la coupable et peut être la victime. ([8]) » On peut toutefois révoquer en doute l'assassinat commis par Jean de Laval, quoiqu'une erreur de chronologie (dans le récit d'un chroniqueur qui, tout en disant des vérités, a brouillé bien d'autres dates) ne nous semble pas donner un démenti suffisant à la tradition. Ainsi, n'osant admettre l'assassinat, nous croyons à la violence ; et les mémoires inédits du doyen Blays, qui vivait cent ans plus tard, nous portent à le croire. Voici ce qu'il écrit à cette occasion : « L'ancienne tradition du pays est qu'après la mort de Françoise de Foix, arrivée peu après son retour de Paris (où des historiens disent qu'elle avoit vescu deux ans avec François Ier) laquelle mort n'estoit pas arrivée sans quelque soupçon de VIOLENCE, Jean de Laval avoit ordonné à Angelot Blanchet, son tailleur et favori, de jeter au feu tous les vestements qu'elle avoit apportez de la cour. Angelot, au lieu de brûler ces vestements de drap d'or, les reserva adroittement, et les donna à la paroisse qui en fist faire une chapelle entière, scavoir : Chasuble, tunique, chappe et devant d'autel. (³) »

Ces lignes d'un auteur presque contemporain, d'un prêtre qui n'ose se porter garant d'un scandale, semblent attester encore les malheurs de Françoise de Foix ; soit qu'elle ait été assassinée, soit qu'on l'ait fait mourir de chagrin, de privations, ou par un traitement cruel et prolongé. Meurtre pour meurtre, nous éprouvons moins d'horreur pour le crime commis par les chirurgiens du comte à l'aide d'une lancette ou d'un poignard, que pour cette mort affreuse et latente, causée par six mois de tortures, d'angoisses et de supplice ! Le lecteur choisira.

M. de Châteaubriand, dans ses mémoires d'Outre-Tombe, refate ce tragique récit : « Quand on tient, nous dit-il, de l'imagination de Varillas, et qu'on remarque les transformations qui s'opèrent dans le cerveau de cet écrivain, on est disposé à croire que les aventures du prince Gilles, frère de François Ier, duc de Bretagne, de Françoise de Dinan, comtesse de Châteaubriant, épouse du comte de Laval, sont devenues, sous la plume de l'historien-romancier, les aventures de François Ier, roi de France, de Montmorency-Laval et de Françoise de Foix. Ajoutez à ceci que peu de temps après les malheurs de Gilles, François II, duc de Bretague, épousa Marguerite de Foix. C'en était assez pour que Varillas, au moyen d'une nouvelle confusion, fit de François II, duc de Bretagne, François Ier, roi de France, et de Marguerite de Foix, Françoise de Foix. »

Le grand nom de Châteaubriand nous impose silence et nous défend de nous récrier:... Il faut avouer cependant qu'il accorde bien peu d'esprit à Varillas.

Jean de Laval, n'ayant pas d'enfants, donna, par acte du 5 janvier 1539, au connétable Anne de **MONTMORENCY** la Baronnie de Châteaubriant ; celles de Derval, de Jans, de Beauregard, de Chanveaux, de Candé et de Guémené-Penfao ; et les châtellenies de Nozay, de la Ville-au-Chef, de Rougé , de Teillé et de Vioreau. Il en est qui pensent encore que ces dons furent consentis pour arrêter des poursuites que le meurtre de Françoise de Foix allait soulever.

Trois ans après, Jean de Laval mourut.

Vers le milieu du XVIᵉ siècle, le calvinisme avait fait de rapides progrès en Bretagne ; on comptait déjà dans les diocèses de Rennes et de Nantes vingt-huit églises réformées. Espérant arrêter cette funeste contagion, Henri II rendit à Châteaubriant un édit qui renouvelait tous ceux déjà donnés contre les hérétiques (1561) ; ce qui n'empêcha point les calvinistes de Bretagne de tenir, la même année, dans cette ville, leur premier synode provincial.

En ce temps-là, il y avait des ministres protestants à Sion, à Blain, à Châteaubriant, au Croisic, à Vieille-Vigne, etc. Le calvinisme toutefois fit peu de prosélytes dans le peuple, mais il entraîna la noblesse ; beaucoup de châteaux devinrent des *huguenoteries* ; et, de nos jours, lorsque, parcourant la campagne, vous apercevez de vieilles tours en ruines, interrogez les laboureurs, ils vous diront en se signant que c'étaient des maisons de huguenots.

En 1565, Charles IX vint, avec toute la cour, à Châteaubriant ; il y demeura quelques semaines, s'occupa de l'administration du pays, et réunit plusieurs juridictions royales aux siéges présidiaux de la province. Il y revint en 1570 et fit appeler près de lui Bertrand d'Argentré, jurisconsulte et historien célèbre dont s'honore la Bretagne.

Cependant Anne de Montmorency, blessé à la bataille de Saint-Denis, qu'il remporta sur les Huguenots, était mort à Paris. 1567. HENRI Ier, son fils, connu d'abord sous le nom de Damville, et marié à une héritière d'Antoine de Bourbon et de Jeanne d'Albret, hérita de la Baronnie de Châteaubriant.

Mais, depuis la mort du connétable Anne de Montmorency, ce séjour abandonné de ses seigneurs se trouva déchu tout-à-coup de son antique splendeur.

III

Nous entrons dans une phase nouvelle
de l'histoire de Châteaubriant : Tombée
du rang de résidence féodale de premier
ordre, à celui d'une simple place de
guerre, cette ville, veuve de ses Barons,
ne verra plus dans ses murs que quelques
troupes de soudards. Plus de carrousels,
plus de fêtes royales ou princières, car
voici venir la ligue qui ensanglante déjà
la Bretagne, la ligue sainte dont le duc
de Mercœur se fait proclamer chef. Presque
toute la province se déclara pour lui

dans l'espoir de recouvrer son ancienne indépendance. Alors la place de Château-briant, où Mercœur avait des partisans nombreux, tomba au pouvoir des troupes de Henri IV. 1589. A quelques mois de là, les ligueurs furent sur le point de reprendre le château, grâce à la trahison du commandant Goderest. Comptant donc sur cette perfidie, les gens du duc de Mercœur se présentèrent aux portes. La nuit était sombre, tout semblait favoriser leur attaque; mais on avait découvert la trahison. Les ligueurs, étonnés d'être reçus à coups de hallebardes et d'arque-buses, ne purent soutenir ce choc inat-tendu, et s'éloignèrent avec de grandes pertes. Le traître Goderest fut tué pendant le combat.

Châteaubriant faillit encore retomber entre les mains du duc de Mercœur, le 10 février 1595 « par une trahison des habitants qui avaient promis d'ouvrir leurs portes aux capitaines de Coëtquen

et de Montbaro. » Enfin le 16 avril 1597,
la ville et le château, dont les partisans
de Mercœur avaient fini par s'emparer,
furent repris par Saint-Gilles qui commandait les troupes de Henri IV. Jacques
de la Courpéan était alors gouverneur
de Châteaubriant.

Vers cette époque, les principales fortifications furent démolies ou démantelées.
en grande partie, mais on ne toucha
point à l'habitation seigneuriale.

HENRI II DE MONTMORENCY, amiral
et maréchal de France, gouverneur du
Languedoc, succéda à son père (1614);
il entra dans le parti de Gaston d'Orléans,
frère de Louis XIII; Gaston, lors de son
mariage avec mademoiselle de Montpensier, se rendit à Nantes avec la cour.
Ce fut alors que le cardinal de Richelieu,
voulant épouvanter les conspirateurs, fit
trancher la tête au comte de Chalais, sur

la place du Bouffay, à Nantes, « par un bourreau novice, » qui le frappa de trente-cinq coups de hache.

Indigné de ce supplice inique et cruel, Gaston d'Orléans s'enfuit de la cour, et vint à Châteaubriant avec sa jeune femme. 1626.

Dans la suite, pour continuer la guerre contre Richelieu, il alla dans le Languedoc demander secours à Henri de Montmorency. Le maréchal n'y était pas préparé, et fut effrayé de l'arrivée du prince ; il rassembla pourtant quelques troupes à la hâte, se mit en campagne avec Gaston, et rencontra le général Schomberg, près de Castelnaudary (sept. 1632). Le vaillant Montmorency se précipita dans l'armée ennemie, « et tomba, criblé de blessures, sous son cheval mort : il fut pris. Le prince, au lieu de l'aider, jeta ses armes, et fit sonner la retraite : il se réfugia à Béziers et se hâta d'envoyer sa soumission. Il connaissait la terrible maxime du cardinal : « Croire que pour être fils ou frère du roi on puisse impunément troubler le royaume, c'est se tromper : les princes du sang sont sujets aux lois comme les autres, principalement quand il est question du crime de lèse-majesté ([10]). »

Le mois suivant (30 oct.), le dernier Baron de la branche aînée de Montmorency fut condamné à mort à Toulouse, et décapité malgré les larmes de toute la province. Ses biens, confisqués par arrêt du parlement, rentrèrent dans le domaine de la couronne.

Marguerite de Montmorency, sa sœur, épousa le duc de Bourbon, Henri prince de Condé ; le roi lui donna en dot la baronnie de Châteaubriant. Enfin cette ville eut l'insigne honneur de compter au nombre de ses Barons, Louis de Bourbon, que l'histoire appelle LE GRAND CONDÉ. 1646 à 1686. ([d]).

APPENDICE.

Pendant la terrible époqué de 1789 à 1793 , alors que l'ouest se soulevait tout entier pour repousser les excès de la révolution , le district de Châteaubriant , quoique moins agité pourtant que beaucoup d'autres , eut ses fureurs républicaines et ses SANS-CULOTTIDES. On connait les causes de cette explosion populaire : il fallut toute la persévérance que les Terroristes mirent à torturer nos provinces, à persécuter les ministres chrétiens et nos pieux paysans , dans leur foi forte et naïve, pour les tirer de leur repos naturel et de leur indifférence ordinaire en matière de politique. Mais attaquer la religion , c'était renverser le PALLADIUM de la Bretagne... Oui, le soulèvement fut

légitime et national ; l'empereur NAPO-
LÉON Ier, dans ses mémoires, le prouve en
quelques lignes éloquentes : « Des mission-
naires républicains, envoyés dans les
campagnes de l'ouest, furent écoutés du
peuple aussi longtemps qu'ils n'eurent
d'autre but que de lui prouver les avan-
tages de la révolution, qui abolissait les
corvées, les dîmes, et les droits féodaux ;
mais du moment où ils dirent que le roi
était un tyran, les nobles des ennemis de
la patrie, les prêtres des imposteurs, la
religion un mensonge, l'exaltation du
peuple ne connut plus de bornes, et les
prédicateurs de L'ANARCHIE purent à peine
se dérober à la fureur populaire. »

Ce fut surtout après le décret qui éta-
blissait la constitution civile du clergé
que nos campagnes furent saisies d'épouvante : car la liberté des cultes, que l'on
semblait proclamer, était, pour mieux
dire, l'abolition de la liberté de cons-
cience ; frappé dans ses plus chères

sympathies, dans cette religion soutien de ses labeurs et de ses tristes jours, le paysan voulut mourir pour une cause si sainte.

L'insurrection fut plus générale encore et plus spontanée au jour de la levée des trois cent mille hommes, décrété le 24 janvier 1793. « Alors les paysans de l'ouest dirent aux sans-culottes, en se levant comme un seul homme: vous n'irez pas plus loin ! » ([11]).

Dans la plupart des cantons, les levées ne purent s'effectuer ; des troupes nombreuses de conscrits réfractaires assaillirent les villes, y commirent de graves désordres, et s'en emparèrent à main armée. Châteaubriant, Savenay, Blain, Guérande, etc., furent attaquées par des bandes furieuses. L'insurrection s'étendit avec une effrayante rapidité, et bientôt tous ces rassemblements épars se réunirent, formèrent des armées, et trouvèrent des chefs redoutables.

Cependant le comité central et souverain, formé à Nantes, sous la présidence du maire, le citoyen Bacco, déploya la plus grande énergie pour étouffer les soulèvements des communes. Les volontaires Nantais, pleins de cette enthousiasme républicain, qui enfanta (nous devons l'avouer) des prodiges, s'élancèrent à la fois sur Châteaubriant, sur Clisson, sur Blain, sur Varades... Mais que pouvaient leurs efforts pour arrêter tout un peuple soulevé : on ne commande pas à la tempête !

Tels furent les commencements de la guerre civile dans les provinces de l'ouest. Ce n'est pas ici le lieu d'en retracer la terrible histoire : nous allons seulement raconter encore quelques traits détachés pour terminer notre récit.

Après la déroute du Mans et le massacre des Vendéens dans la ville et dans les campagnes du Maine, les débris de la grande armée s'enfuirent à Laval.

Conduits par Henri de la Rochejaquelein, qui ne songeait plus qu'à sauver ces infortunés, les Vendéens descendirent vers la Loire que deux mois auparavant ils avaient traversée pour échapper à la mort. Quelques fugitifs se portèrent sur Châteaubriant, et réussirent à s'emparer des faubourgs; les défenseurs et les patriotes de la ville, croyant avoir toute l'armée Vendéenne sur les bras, évacuèrent la place ou se rendirent. Kléber arriva sur ces entrefaites à Châteaubriant, et en chassa facilement les royalistes, qui n'avaient pas même de munitions.

L'histoire d'une commune sous la terreur, par M. le comte de Quatrébarbes, nous donne l'épisode suivant qu'on ne lira point sans intérêt. — Dans les prisons du Mans, parmi de pauvres *brigandes*, se trouvaient madame Boguais et ses trois filles. Un officier républicain, aussi humain que brave, M. de Fromental vit un jour dans la prison mademoiselle Eulalie

Boguais. « Touché de la grâce et de la
sérénité de ses traits, » il résolut de la
protéger et de la sauver avec sa famille ;
mais la mère et une des filles étant ins-
crites sur le livre d'écrou, le geôlier
refusa de favoriser leur évasion : Pour les
deux autres, M. de Fromental obtint à
prix d'or l'aide de ce misérable. Bientôt
les deux jeunes filles furent arrachées,
presque de force, des bras de leur mère,
et cachées dans un caisson couvert où
étaient des bagages, au milieu de plusieurs
voitures.

Ce convoi, destiné aux troupes de
Châteaubriant, prit la route d'Angers,
sous la conduite d'un soldat tout dévoué
à M. de Fromental. Rien ne trahit les
deux prisonnières pendant le trajet. Mais
à Nort, M. de Fromental, qui avait suivi
le convoi, reçut l'ordre de se rendre à
Nantes immédiatement ; sûr de la fidélité
du soldat, il lui donna quelques ins-
tructions et lui confia les jeunes proscrites

auxquelles une dame de Châteaubriant
avait offert un asile. Hélas ! à Nozay,
Céleste Boguais, malade depuis le commencement du voyage, mourut tout-à-
coup.

« Un mystère de sang, dont le temps
n'a point soulevé le voile, environna cette
agonie de quelques heures. Eulalie et son
guide, ses uniques témoins, crûrent re-
connaître la présence du poison. »

Accablée de douleur, Eulalie Boguais
se rendit à Châteaubriant, où l'attendait
une touchante hospitalité. M. de Fromental revint ensuite ; « lui avoua les
sentiments qui remplissaient son cœur, »
et, peu de temps après, leur mariage fut
célébré dans la ville de Châteaubriant.

Le 16 décembre 1793, les Vendéens
arrivèrent près d'Ancenis, sur les bords
de ce fleuve qu'ils revoyaient encore,
« mais plus affaiblis, plus découragés,
mais tristement glorieux que jamais (12). »

Là, séparés de Larochejaquelein, harcelés sans cesse, massacrés par les républicains sous les ordres de l'impitoyable Westermann, ils prirent la fuite dans toutes les directions.

Le 20 décembre, Carrier écrivait de Nantes à la Convention : « Vous avez décrété qu'il n'existerait plus de Vendée, vous décréterez bientôt qu'il n'existe plus un seul brigand. L'affaire du Mans a été si sanglante ! Une bande de ces scélérats s'est portée sur Châteaubriant, et une autre sur Ancenis. Ces deux postes ont cru voir arriver les brigands dans des desseins hostiles : L'un s'est replié sur Rennes, l'autre sur Nantes. »

A Nort les derniers Vendéens se divisèrent par de fatales rivalités : les uns se jetèrent dans la forêt du Gavre, avec Sapinaud ; les autres, commandés par Marigny, Donissan, Desessarts, etc., se portèrent sur Savenay, où ils trouvèrent une glorieuse mort (23 décembre 1793).

Ce fut le tombeau de la grande Vendée. Alors se formèrent ces bandes redoutables dont les principaux chefs furent : Duboisguy, de Silz, Cadoudal, et ce fameux Jean Cottereau, dit Jean-Chouan, qui s'élançait au milieu des balles en disant : IL N'Y A PAS DE DANGER !

Après la terrible affaire de Savenay, quelques Vendéens, égarés dans nos contrées, se cachèrent au fond des bois ; mais tous périrent isolément sous les coups des républicains. 1794.

Un soir, dans une pauvre cabane retirée, du côté de Melleray, deux femmes, mère et fille, filaient à la clarté des tisons. On entendait tomber la pluie, sur le chemin ; nul autre bruit ne troublait le silence de la nuit. Tout-à-coup, un, deux, trois coups de fusil retentirent dans l'éloignement. Habituées à ce sinistre réveil en ces temps de troubles, les deux femmes continuèrent leur chapelet. Cependant

Jeanne, la jeune fille, prêtait toute son attention.

— « Chut, dit-elle peu après, j'entends du bruit dans la haie du verger. »

Bientôt on frappa doucement à la porte.

— « Mère, je vais ouvrir, dit Jeanne. »

— « Non pas; si c'était un Bleu !.. Qui est là ? »

— « Un malheureux blessé que les Bleus poursuivent. »

— Ah ! c'est un Chouan ! s'écria la veuve, et la porte s'ouvrit.

— « Dieu vous garde, braves femmes, dit l'étranger en entrant, mais je suis poursuivi de bien près; où me cacher ? »

— « Là, derrière ce bahut. »

Puis Jeanne récouvrit les tisons avec de la cendre. Il était temps. On entendit passer une troupe de gens armés; par bonheur l'obscurité déroba la cabane à leurs yeux; les soldats s'éloignèrent sans avoir aperçu cet asile. Alors le Vendéen sortit de sa cachette et gagna péniblement le foyer où Jeanne s'efforçait de rallumer le feu. Il était couvert de boue et de sang, une balle l'avait atteint à l'épaule; mais la veuve Péannah, mieux que le chirurgien du village, pansa la blessure en y appliquant des SIMPLES.

Le Chouan demeura trois semaines dans la cabane. Au bout de ce temps, sa blessure étant guérie, il résolut de partir pour la Vendée où l'on se battait sans doute, où sa mère aussi l'attendait. A cette nouvelle, les pauvres femmes ne purent retenir leurs larmes; car le Vendéen et Jeanne s'étaient déjà PROMIS. Cependant il fallut se résigner à une séparation momentanée. Un soir donc, par une nuit sombre, elles conduisirent le proscrit, par des sentiers inconnus dans la forêt: elles marchaient tristes et silencieuses; le Vendéen tâchait de ranimer leur espoir.

Une croix de pierre s'élevait au milieu d'un carrefour dans le bois; tous trois se mirent à genoux. Quand la prière fut linie : « Console-toi, promise, dit le Chouan, je reviendrai en des jours plus heureux ; je reviendrai avec ma vieille mère, veuve comme vous, mère Péannah. Alors plus de douleur, plus de larmes, nous serons unis !.. En souvenir de moi, Jeanne, garde cette bague d'argent, la bague de PROTECTION que m'a donnée ma mère quand je partis pour rejoindre M. Henri Larochejaquelein. »

Mais comme la main de la jeune paysanne tremblait, la bague tomba dans les herbes. Au même instant quatre soldats parurent tout près, au détour du chemin. Jeanne la première les aperçut dans l'ombre ; le Chouan s'était baissé pour chercher l'anneau.

— « Sauvez-vous, sauvez-vous, lui cria la jeune fille attérée, voilà les Bleus ! »

Le Vendéen, trop occupé de sa recherche, ne comprit pas assez vite ; il venait de retrouver la bague et la présentait à Jeanne presque morte d'effroi.

Un coup de fusil partit aussitôt, et le malheureux frappé mortellement tomba mourant aux pieds de sa fiancée. Il se souleva pourtant sur ses genoux : — « Tiens, Jeanne, lui dit-il, prends cette bague dont je n'aurais pas dû me séparer, même pour toi ; tu la rendras à ma mère (*). »

L'année suivante, les insurgés de Châteaubriant reçurent, à la sollicitation du comte de Puisaye, communication des conférences de la Mabilais.

En 1799, la ville de Châteaubriant fut prise par Sol de Grisolles et les chouans qu'il commandait. En 25 jours, les royalistes s'emparèrent de Nantes, de

(*) Cette anecdote nous a été racontée par un vieux vendéen, des environs de Parthenay. Il n'a pu en préciser ni le lieu ni la date ; mais nous sommes porté à croire que ce petit drame s'est passé dans une forêt de l'arrondissement, après la bataille de Savenay.

Vannes, de Laval, d'Ancenis, de Nozay, de Guérande, etc. Les patriotes étaient consternés ; les royalistes allaient triompher peut-être, lorsque NAPOLÉON BONAPARTE, se levant sur le monde, vint lui montrer à quelle grandeur peut atteindre le peuple français !

Quelques lignes encore, et notre tâche sera remplie : Cependant le voyage de M. le duc d'Aumale à Châteaubriant, en 1845, est pour cet arrondissement un évènement important et historique, que nous ne devons point passer sous silence. On connaît les dernières transformations du château, qui semble avoir été détaché des terres et des domaines de l'ancienne baronnie, lors de la révolution, puis vendu et racheté successivement par le prince de Condé, par la famille Connesson et autres, par la ville, etc.

Déjà possesseur de la meilleure part de la baronnie, que lui avait léguée, en

1830 , le dernier des Condé, le duc d'Aumale ne pouvait manquer d'accueillir favorablement, l'offre à lui faite par la ville, d'acquérir l'antique résidence des Dinan, des Laval, des Montmorency ; et, le 13 avril 1845, le prince vint à Châteaubriant visiter la demeure féodale qu'il ajouta bientôt à son apanage (Contrat du 17 juillet 1845.)

La France a vu mourir, il y a peu d'années, le plus illustre des comtes de de Châteaubriant : François - René de Châteaubriand, né à Saint-Malo, le 4 septembre 1768, fils de René - Auguste de Châteaubriand, seigneur comte de Combourg, et de Suzanne de Bédée.

La Bretagne a perdu en lui le plus grand de ses littérateurs ; mais le génie de Châteaubriand éclairera toujours notre patrie d'un reflet glorieux !

Les mémoires d'outre tombe nous donnent les titres dont s'est servi noble

François-René de Châteaubriand, pour être reçu au rang des chevaliers de l'ordre de Saint-Jean de Jérusalem. Ses preuves de noblesse remontent, en ligne directe, du côté paternel, jusqu'au vingt-troisième aïeul, Brient Ier, qui se distingua, en 1066, à la bataille de Hastings, où périt Harold, vaincu par Guillaume le conquérant.

La baronnie de Châteaubriant était la troisième des neuf grandes pairies bretonnes, qui donnaient le droit de présider les États de Bretagne. Les grandes baronnies furent d'abord celles de Fougères, de Penthièvre, de Pont-Château, de Léon, de Vitré, d'Ancenis, de Châteaubriant, de Raiz et de la Roche-Bernard. Elles se fondirent et se modifièrent dans la suite ; au XIVe siècle, il ne restait plus que quatre barons, y compris celui de Châteaubriant. Pierre II en créa trois : Derval, Quintin et Malestroit ; et plus

tard , Lanvaux et Avaugour, complétè-
rent le nombre des pairies bretonnes.

On pourrait dire beaucoup de chóses
encore de Châteaubriant et de ses barons·
Réduit aux dimensions d'un *livret de
voyage*, ce récit ne saurait contenir tout
ce que la tradition raconte de ces illustres
seigneurs. Nous essaierons pourtant de
combler quelques lacunes dans les chapitres suivants. Heureux si nous pouvons
ajouter une pierre à l'histoire de ces
vieux murs !

GUIDE

DU VOYAGEUR

A CHATEAUBRIANT.

LA VILLE, LE CHATEAU, LES ENVIRONS.

IV

La ville de Châteaubriant, bâtie sur la
rivière de Chère , est le chef-lieu de l'arrondissement de ce nom. Huit grandes
routes y aboutissent, et lui procurent des
relations commerciales assez étendues.
On y remarque quelques établissements
industriels. « des moulins à farine perfec-
tionnés, des fours à chaux, de grandes
tanneries ; » la population est d'environ
3,900 habitants.

C'était une ancienne baronnie, qui
appartint d'abord (voir les premiers chapitres) à la famille de Châteaubriant,
puis à la maison de Dinan, ensuite à celle

de Laval, d'où elle passa dans la maison
de Montmorency, puis dans celle de
Bourbon-Condé : le duc d'Aumale, Henri
d'Orléans, possédait enfin le château , le
parc, les domaines et les forêts de cette
belle baronnie. Toutes ces possessions
viennent d'être vendues , savoir : le château au département, les terrasses ou
promenades à la ville de Châteaubriant ;
la forêt Pavée, celles de Juigné et
d'Araise, le parc et plusieurs métairies à
M. le marquis de Préaulx ; les forêts de
Vioreau et de l'Arche à la famille d'Il-
liers ; enfin, celle de Teillé à M. le baron
Du Joncheray ([E]).

Autrefois, Châteaubriant était une ville
forte ; défendue par son château, dont
elle a reçu le nom , elle passait pour une
des meilleures places de Bretagne.

Une partie des murailles, qui formaient
son enceinte , existent encore , avec ses

portes basses, et quelques tours rasées.
Des douves profondes, alimentées par les
eaux de la Chère, entouraient alors les
remparts ; aujourd'hui de jolis jardins
étalent, dans ces douves comblées, des
arbres, de la verdure et des fleurs.

Une voie antique, partant de Blain,
passe au midi de Châteaubriant, et se
dirige au nord-est vers le Bas-Maine.

Les armes de la ville, différentes de
celles des barons [B], sont d'azur, à trois
fleurs de lis d'or, deux et une, brisées
en cœur d'un bâton raccourci et péri en
bande : c'est-à-dire, ne touchant pas aux
extrémités de l'écusson.

Les édifices publics, peu nombreux à
Châteaubriant, ne nous semblent pas très-
remarquables : le nouvel hôtel de ville
n'est pourtant pas dépourvu de toute élé-

gance : la sous-préfecture et le tribunal de première instance, vont être transférés dans les vastes appartements du château que l'on restaure. Ainsi l'arrondissement possèdera bientôt un des plus curieux palais de justice de Bretagne.

L'église de Châteaubriant (Notre-Dame), fut d'abord élevée par Geoffroi V, mais avec si peu de solidité, qu'elle menaçait ruine en 1530. Alors, Jean de Laval, avant de terminer le château neuf, fit travailler en même temps à la reconstruction de l'église. Elle ne fut achevée que trente ans plus tard, et les mémoires du temps nous apprennent que « quand elle fut au dessus du vitrail, les murs furent couverts de genêts », et le travail abandonné.

Le connétable Anne de Montmorency, fit continuer les travaux « sur des plans pris sur ceux de Saint-Pierre de Rome. » ajoute la naïve tradition. L'église reçut le nòm de SAINT-NICOLAS. au lieu de celui de Notre-Dame, qu'elle avait lors de sa fondation. Le cinq novembre 1561, le coadjuteur de l'évêque de Nantes en fit la dédicace ; le saint-sacrement y fut apporté, en grande pompe, de la chapelle du château, ainsique le corps de Jean de Laval, renfermé dans une châsse de plomb (**F**).

LE CHATEAU.

Demantelé par le temps et les guerres, il ne reste plus de l'ancien château, bâti par Brient, que trois tours qui, vues du faubourg de la Torche, produisent l'effet le plus admirable. Deux de ces tours, encore garnies de leurs crénaux, défendaient l'entrée de ce castel, du côté du nord ; la troisième, plus solide que les autres, et de forme à peu près rectangulaire, devait être le donjon de la forteresse ; ses énormes murailles, ruinées et fendues, sont revêtues de lierre et de ronces ; mais on ne peut voir sans surprise un arbre séculaire sortir du milieu de ces ruines colossales dont il atteint le faîte.

Après avoir admiré ces antiques débris, on entre dans la cour d'honneur du château neuf. Voyez d'ici les hautes croisées de pierre de l'édifice, le toit élevé, la longue façade, les grandes cheminées du castel, cette cour d'honneur, d'où le regard peut s'étendre au loin, les tours, les murs écroulés, dont quelques pans çà et là se tiennent encore debout ; tout ce qui vous entoure ici vous reporte à des temps consacrés par l'histoire...

Mais continuons, et votre émotion, mieux que ces lignes, vous fera comprendre que les ruines parlent encore.

A droite, en entrant dans la cour, on

remarque un élégant pavillon, orné de colonnes, et relié au principal corps de logis par une galerie de vingt-deux arcades, soutenues par des colonnes de pierres bleues. On vient de découvrir une seconde ligne d'arcades, semblables aux premières, et parallèles à la façade du château; elles étaient cachées sous des constructions modernes. La grande galerie, qui servait autrefois aux revues, est en ce moment murée; nous espérons pourtant la voir bientôt remise au jour ([G]).

Au milieu de la façade, se trouve un balcon que trois colonnes soutiennent : sous ce balcon est l'entrée du grand escalier, construit en belles pierres de Saint-Savinien; la voute, ornée de petits carrés et de lozanges sculptés, est assez remarquable. Cet escalier conduisait à la salle des gardes, et aux grands appartements, qui sont fort délabrés.

Mais voici le pavillon de Françoise de

Foix, et son admirable escalier en spirale, exécuté sur les plans de Philibert de Lorme ; de distance en distance, de jolis médaillons, représentant des fleurs ou des fruits, en décorent les contours.

Enfin, s'ouvre une porte mystérieuse : nous entrons dans la chambre où la dame de Châteaubriant reçut François Ier, son royal ami. « C'était, nous dit une pompeuse description, un appartement de Reine, lambrissé, doré de toutes parts, avec de gracieuses arabesques : la cheminée, soutenue par des cariatides, offrait les plus merveilleux dessins ; les vitraux, chargés de peintures, ne laissaient pénétrer qu'un demi-jour voluptueux. Au fond, s'élevait un lit magnifique, séparé par une balustrade, en bois de chêne, artistement sculptée ; puis des glaces et des tentures de velours nacarat, des siéges en bois d'ébène, etc.....

« Un étroit couloir, conduisait à un petit réduit pratiqué dans une des tou-

relles. Là, tout était séduction et mer-
veilles : l'intérieur de la tourelle était
doré en entier, et le plafond rayonnait
d'étoiles éclatantes sur un fond d'azur ;
des fleurs vermeilles, des têtes de ché-
rubins, apparaissaient aux vitraux qui
réflétaient une lumière rose ; puis on
apercevait un lit de repos d'une forme
élégante, un prie dieu en bois d'ébène,
de belles glaces de Venise ([13]). »

Hélas ! que reste-t-il de tant de magni-
ficence, que l'auteur de cet article n'a pu
voir qu'en rêve ? Peu de chose, sans
doute, pour le visiteur léger : quelques
sculptures du style de la renaissance, un
beau médaillon au dessus de la cheminée,
trois cariatides remarquables, mais défi-
gurées, quelques vitraux brisés, des
lambris vermoulus...

Que reste-t-il enfin ? le souvenir ! le
souvenir qui ne meurt pas quand la
tradition le recueille, ou que l'histoire
l'enregistre !

Demandez ensuite à votre guide l'histoire de ce cabinet *doré*, il vous répondra infailliblément : « C'est ici que mourut Françoise de Foix, victime de la jalousie de son mari. Puis il ajoutera : avant que l'on eut blanchi ce mur, on y voyait l'empreinte sanglante de sa main. »

Dans un coin de la cour, il existe un grand vase antique, ou réservoir en fonte, aux armes de la ville; enfin, quelques vestiges de fresques, qui représentaient, dit-on, l'histoire de l'Enfant Prodigue, couvrent encore une partie de la muraille au fond de la galerie à colonnades.

La chapelle du château, dédiée à Saint-Cosme et Saint-Damien, avait, suivant les anciens mémoires, deux autels, de grands vitraux peints, un jubé remarquable, un jeu d'orgues, un beau clocher; elle faisait partie du vieux château, et doit être presque aussi ancienne.

Actuellement dépourvue de tous ses ornements, cette chapelle sert de grange ou de remise.

En 1535, l'évêque de Nantes y célébra le mariage de Claude de Foix et de Guy de Laval, neveu de Jean de Laval-Montmorency.

On dit que François Ier, lors de son séjour à Châteaubriant, habita le pavillon des Champs, — lequel sert aujourd'hui de prison.

La construction du château neuf dura vingt-neuf ans. On y lisait jadis l'inscription suivante :

DE MIEUX EN MIEUX,

POUR L'ACHEVER JE DEVINS VIEUX.

JEAN DE LAVAL. 1538.

....Quittons ces sombres ruines; allons chercher, sous les ombrages du parc, des impressions plus riantes. Ici, nous devons le dire, l'art est pour bien peu de chose : point de statues de marbre, point de plantes exotiques et précieuses; la nature a presque tout fait. Ce sont des sentiers charmants et accidentés, les uns se cachent au pied des vieux remparts, au fond de larges douves; les autres côtoient les bords fleuris de la rivière.

La Chère prend sa source dans la commune de Soudan, à une lieue de Châteaubriant, et va se jeter dans la Vilaine, près de Langon. Le parc, y compris la promenade publique, peut contenir environ quatre-vingt-trois hectares.

Sur le bel étang de Choiseul, à moins d'un kilomètre de la ville, on voit une petite île de 33 mètres de tour; au milieu s'élève un chêne qui lui donne son nom, et semble lui servir de voile; car (chose étrange), cette île, détachée de la terre,

flotte au gré des vents depuis plus de
trente années.

LA TRINITÉ.

La chapelle de la Trinité, fondée par
Geoffroi IV, en mémoire de sa captivité
en Palestine, n'existe plus aujourd'hui ;
elle se trouvait là où est l'entrée du parc
de M. de Boispéan, du côté de la ville.

Le couvent de la Trinité, de l'ordre
des Mathurins et Rédemption des Captifs,
est également détruit.

Presque tous les barons de Châteaubriant furent inhumés dans cette chapelle,
ainsi que Françoise de Foix. Les funé-
railles de la comtesse donnèrent naissance
à un procès fameux, entre les moines de
la Trinité et le doyen de la paroisse, à
propos des offrandes de la petite cour de
Châteaubriant. La chronique dit que « le

présidial de Rennes partagea l'huître; mais que, les frais montant plus haut que les oblations, ils n'eurent que des frais à partager. »

Jean de Laval fit élever à sa femme un tombeau de marbre blanc, décoré d'une statue. On lisait sur ce monument l'épitaphe suivante :

FF.   PEU DE TELLES.   FF.

Sous ce tombeau gist Françoise de Foix,
De qui tout bien, ung chacun souloit dire,
Et le disant onc une seule voix
Ne s'avança d'y vouloir contre-dire.
De grand'beauté, de grâce qui attire,
De bon sçavoir, d'intelligente prompte,
De biens d'hôneur et mieux que ne raconte,
Dieu esternel richement l'estoffa.
O viateur, pour t'abréger le conte,
Cy gist ung rien, là où tout triompha.
Prou de moins, point de plus.

FF.   Décédée le 16 octobre 1537.   FF.

Ces vers furent composés par Clément Marot, le plus élégant des poëtes de ce temps ; la pierre sépulcrale où ils sont gravés a été donnée au musée de Rennes.

SAINT-JEAN DE BÉRÉ.

Au XIIIe siècle, Châteaubriant formait deux paroisses : l'une sous le nom de Saint-Sauveur, l'autre sous le nom de Saint-Jean de Béré. Cette dernière a été érigée en succursale, par ordonnance du 13 février 1839. Des réparations intelligentes et nécessaires ont sauvé d'une ruine imminente l'église remarquable par son antiquité, — terminée, comme nous l'avons dit, par Goscho, vers 1104.

Les caractères architectoniques de l'édifice nous montrent qu'il appartient à l'époque de transition de l'architecture *romane,* que le goût oriental ou Byzantin vint modifier après la première croisade. On y admire des colonnes en granit, d'une teinte rouge, une voûte en berceau, et un chœur à cul-de-four. Mais les ciselures qui décorent les autels proviennent de restaurations, plus ou moins modernes, et faites dans le style fleuri de la renaissance. Une Vierge au tombeau, ébauche hardie de Grootaers, datée de 1842, se voit dans la même église.

En somme, cet édifice, eu égard à son état de conservation, est le plus considérable et le plus complet de ceux du même genre qui existent dans le département de la Loire-Inférieure ([11]).

V

ABBAYE DE MELLERAY.

A trois kilomètres environ du bourg
de la Meilleraye, entourée des forêts de
Vioreau, de l'Arche et d'Ancenis, s'élève
l'abbaye de la trappe de Melleray. En
1145, des religieux du monastère de
Pontron, de l'ordre de Citeaux, en Anjou,
furent envoyés par Foulques, leur abbé,
pour fonder en Bretagne une maison sou-
mise à la règle de Saint-Benoist. Cette
contrée sauvage et isolée parut convenir à leur nouvel établissement ; mais

repoussés d'abord par les habitants du pays, ils se réfugièrent dans les bois, et n'eurent d'autre nourriture que le miel des abeilles : « De là le nom de Melleray, MELLEARIUM. »

Une partie de l'église, élevée par les fondateurs, subsiste encore ; d'autres constructions datent de la Renaissance, et les principaux bâtiments d'habitation sont du dernier siècle.

Pendant la révolution, les religieux de la trappe de Mortagne, chassés de leur monastère, se réfugient en Suisse, et y fondent une maison dans le canton de Fribourg. Rappelé par Louis XVIII, Dom Antoine vient, avec ses Trappistes, occuper Melleray. Le Père Antoine, né à Sens, en Bourgogne, descendait de l'illustre famille Saulnier de Beauregard. Bientôt il restaure les édifices abandonnés, et les relève en peu de temps de leurs ruines. Depuis, malgré l'austérité de la règle, malgré les tempêtes politiques, le couvent semble prospérer : des terres défrichées, de belles cultures, des jardins magnifiques, des étables toutes pleines l'attestent suffisamment.

Vêtus d'une robe de laine à capuchon, sans linge, la tête nue et rasée, les frères dorment sur un lit de planches, garni seulement d'une paillasse ; ils se couchent à huit heures du soir, et se lèvent à deux heures du matin. Outre les agriculteurs, il se trouve parmi eux des charpentiers, des maçons, des tailleurs, etc. On distingue aussi plusieurs classes de religieux : les pères qui portent la tunique blanche à larges manches ; les frères convers dont la robe est brune et grossière ; les novices qui aspirent à prononcer les vœux, puis les oblats ou familiers de la maison, vêtus de l'habit séculier.

Là, tout doit s'oublier, nom, rang, titre et famille. Sous ce cloître, meurent tous les bruits du monde ; le silence est absolu ; le souvenir même s'y éteint...

Puis quand un moine a perdu un parent — fut-ce son père ou sa mère — l'abbé seul en est instruit; alors une voix s'élève, au moment de la prière, et dit : « L'un de nous a perdu tel parent, priez, mes frères. »

Les étrangers reçoivent au monastère une bienveillante hospitalité : des moines les servent, leur offrent des rafraîchissements, et les conduisent dans toute la maison. Ils reçoivent pour toute rétribution ce que la charité des visiteurs veut leur offrir. Le deuxième abbé de Melleray a été le Révérend Père dom Maxime, dont le zèle a contribué puissamment à la fondation de l'abbaye de Staouéli, en Afrique; c'est aussi lui qui a fondé celle de Gethsemani, aux Etats-Unis, dans le Kentucki. La mort des saints a couronné sa vie au mois d'octobre 1852. Le Révérend Père Dom Antoine, troisième abbé et deuxième du nom, lui a succédé; digne héritier du zèle de ses prédécesseurs, il fonde dans ce moment une nouvelle maison de Trappistes, à Fontgombaud, dans le département de l'Indre.

DERVAL.

Quelques mots sur l'ancien château de Derval, situé à 2 kilomètres du bourg de ce nom, peuvent trouver une place dans cette notice. Bâti par les seigneurs de Derval, vers le XIIe siècle, flanqué de neuf tours et entouré de douves profondes, ce château passait pour une des plus fortes places de Bretagne, et soutint plusieurs siéges.

L'unique tour frangée, qui subsiste encore de cette vieille forteresse, suffit pour nous donner une idée de sa force et de son importance. On découvre, en examinant le sol, les ruines et les traces des trois murs d'enceinte qui la protégeaient. On trouve aussi, au milieu des décombres, plusieurs énormes pierres, semblables à celles que lançaient les anciennes catapultes.

Le connétable Duguesclin vint assiéger le château de Derval, en 1373, avec le duc d'Anjou ; la place était défendue par Robert Knolles, qui la tenait pour Jean de Montfort. Les assiégés, après une vigoureuse résistance, capitulèrent enfin, et donnèrent des otages pour obtenir une trève. Le terme expiré, le duc d'Anjou fit sommer Knolles de se rendre ; l'Anglais refusa insolemment de tenir sa parole, et en appela aux armes. Alors le duc irrité ordonna de trancher la tête aux otages en vue du château. Knolles, plein de fureur à son tour, fit dresser un échafaud près d'une fenêtre élevée ; quatre prisonniers bretons y furent décapités, et leurs têtes jetées par dessus les remparts aux assiégeants. Peu de temps après, le connétable et le duc d'Anjou levèrent le siége.

En 1593, le château de Derval fut enlevé aux ligueurs par les troupes de Henri IV, et détruit de fond en comble.

Non loin des ruines du castel se trouve une vieille chapelle, qui n'a d'autre ornement que deux ou trois pierres sépulcrales ; sur un de ces tombeaux, on lit l'inscription suivante, gravée en lettres gothiques.

« CI GIST BONARBES, JADIS SEIGNEUR
DE DERVAL, QUI TRÉPASSA LE QUART
JOUR D'OUST. ANNO DOMINI :
MCCCXXV. »

Nous ne saurions passer sous silence, dans ce livre, l'anecdote suivante, dont un curé de Derval a été le héros. En 1792, les prêtres insermentés, ou refractaires traqués, comme on sait, de toutes parts, se refugiaient dans des retraites ignorées, dans des grottes sauvages, des caves ou des souterrains, non pour éviter la mort des martyrs que presque tous ambitionnaient et obtinrent, mais afin de prodiguer encore au troupeau dispersé les soins et les consolations du pasteur.

A cette époque, de lugubre mémoire, la paroisse de Derval possédait un bien digne curé; il se nommait Orain. Forcé d'abandonner son église, il errait dans les bois et les champs, de chaumière en chaumière, et allait quelquefois célébrer la messe dans une petite chapelle isolée, située au Dréneuc.

Un jour, pendant le sacrifice, on annonce tout-à-coup l'arrivée des Bleus; les fidèles assistants se sauvent à la hâte; le curé, dont le courage égalait la vertu, reste seul dans la chapelle, achève sa prière, et ne songe à fuir, que lorsqu'il voit briller à quelques pas les baïonnettes ennemies.

Il fallait, pour gagner le bois voisin, traverser un petit ruisseau ; mais, ce jour-là, grossi par une pluie d'orage, le ruisseau, transformé en torrent, présentait un obstacle difficile à franchir. Le curé s'y précipite pourtant, le traverse à la nage, et continue sa course sur l'autre bord. Les Bleus arrivent à leur tour, et deux des plus hardis, ou des plus acharnés, ne voulant pas reculer devant un obstacle qu'un prêtre a su vaincre, s'y élancent en même temps ; mais ils ont trop présumé de leurs forces ; le courant les entraîne bientôt ; leurs cris de détresse parviennent jusqu'au fugitif qui s'arrête, et, ne consultant que son humanité, revient sur ses pas, se jette à la nage et ramène au rivage les deux soldats qu'il arrache ainsi à une mort certaine. Pendant ce temps-là, les républicains, rangés sur l'autre rive et spectateurs de ce dévouement sublime n'eurent pas même l'idée de faire feu sur le prêtre.

Songeant alors à sa propre sûreté qu'il avait oubliée si généreusement, le curé, rapporte la tradition, adressa aux républicains ces paroles : « Mes amis, leur « dit-il, j'avais deux cents pas d'avance, « quand je suis venu à votre secours; « laissez-moi les reprendre, en bonne « justice, puis poursuivez-moi, si vous « le voulez. »

Il est inutile de dire que les bleus se tinrent pour battus, laissèrent en paix le bon curé et s'en retournèrent.

Cette curieuse anecdote a été racontée, en 1829, par M. de la Haye-Jousselin à la duchesse de Berry, qui, se rendant de Rennes à Nantes, prenait à Derval quelques moments de repos.

On doit remarquer, dans la commune de Derval, le château moderne du Fond-des-Bois, vaste et belle habitation bâtie par M. de la Haye-Jousselin.

La forêt de Domnèche possède les vestiges d'une voie romaine qui semble se diriger vers Châteaubriant ; cette voie est désignée sous le nom de Chaussée-de-Joyance.

NOZAY. — GRAND-JOUAN.

Le voyageur, curieux de connaître tout ce que notre arrondissement renferme de plus remarquable, ne peut s'en éloigner sans avoir visité l'École d'agriculture de Grand-Jouan, près de Nozay. Cet établissement, dirigé par M. Jules Rieffel, et créé par ses soins, a été érigé en Ecole régionale par le gouvernement en 1849 ;

elle est principalement destinée à l'enseignement agronomique supérieur.

On y admire de précieuses collections, des modèles, des machines provenant de l'Institut de Versailles, une jolie chapelle; puis une vacherie, une bouverie et autres annexes de ce bel établissement.

La Ville-au-Chef, où devait exister jadis un château-fort, était, avant 1570, la maison seigneuriale de Nozay. La châtellenie de la Touche, située près du bourg, a longtemps appartenu aux Seigneurs de Montmorency. Le duc de Montmorency-Laval y mourut en 1745. Alors la maison passa au Sire de Kercado, lieutenant-général des armées du roi. Après sa mort, elle fut acquise par Toussaint de Commailles, dont la fille épousa Pierre de Cornulier; ensuite ce seigneur réclama pour la Touche le droit de seigneurie. La famille de Maquillé possède actuellement cette campagne entourée d'un parc remarquable.

L'église du bourg de Nozay, d'assez pauvre apparence, renferme un groupe de Barême, qui nous semble digne d'attention : c'est une Mater dolorosa, la Vierge tenant sur ses genoux le corps de son divin Fils.

NORT ET LES BORDS DE L'ERDRE.

Les bords de cette gracieuse et toute mélancolique rivière, appartiennent en partie à l'arrondissement de Châteaubriant; et nous ne pouvons mieux faire que de terminer ce petit ouvrage en rappelant quelques-uns de ses délicieux tableaux.

«Remontez cette eau noire et dormante, dit M. Emile Souvestre, cette eau qui coule invisiblement comme la vie, passez devant le rocher d'Enfer, le Petit Port, et arrêtez-vous à la baie de la Verrière; cette ruine que vous apercevez au sommet du côteau, à demi enfouie sous la ronce, était l'un des châteaux du fameux Gilles de Retz. Vous êtes ici au berceau même du terrible Barbe-Bleue ! Montez la rampe taillée dans le roc, vous arriverez à une enceinte tapissée de lierre, autour de laquelle se dressaient naguères sept arbres funèbres, en l'honneur des sept victimes immolées par le Néron des contes populaires...

Là, regardez du côté des eaux; au lieu de l'herbe qui verdoie et de la route qui poudroie, vous apercevrez de joyeuses barques qui se croisent; vous entendrez les chants des promeneurs; car cette sombre ruine est devenue un pélérinage pour les jours de fête. Le temps des légendes est passé sans retour; de tous les personnages du drame de Perrault, il n'a survécu qu'une immortelle sœur Anne, l'espérance, à qui l'humanité aspirante, demande toujours si elle ne voit plus rien venir ([13]). »

L'auteur du *Foyer Breton* nous entraîne peut-être un peu vite ; il faut donc revenir sur nos pas pour nommer d'autres lieux. Après Barbin « ès fors bourgs de Nantes, » et Tournerond, où demeura le général de la Moricière, vous apercevez d'abord, à fleur d'eau, les petits bastions de la Houssinière, puis la Jonelière et le Rocher du Diable ; mais gardez-vous de passer sans voir le viaduc de la Verrière, sur le ruisseau du même nom, sans admirer ce site enchanteur... Bientôt s'offre aux regards le château moderne de la Desnerie, appartenant à M. de Sesmaisons.

Plus loin, c'est le bourg de la Chapelle, situé sur la rive droite, à peu de distance de l'Erdre. Plusieurs jolies maisons de campagne se trouvent aux environs : la Pannetière, avec son élégante chapelle, la Gandonnière, le vieux manoir du Bouffay, et le château de la Gascherie. Arrêtons-nous devant cette antique demeure des comtes de Rohan, princes de Léon et de Porhoët. C'est là que le vicomte René de Rohan reçut, en 1537, Marguerite de Valois, reine de Navarre, sœur de François Ier. En 1563, les calvinistes Nantais se rassemblèrent à la Gascherie, sous les auspices d'Isabeau de Rohan, veuve du vicomte. La famille Poydras possède maintenant ce château.

Les détails des sites que le voyageur traverse sont peut être plus admirables encore que leur ensemble ; mais nous avons à peine ici le temps de voir les bords de l'Erdre à vol d'oiseau.

Voici Sucé, sur la rive droite de l'Erdre, antique *pagus* du IXe siècle, où Jean Carmel prêcha le calvinisme en 1558. La terre de Chavagne, voisine de ce bourg, appartint à la famille du philosophe Descartes. Sur la rive gauche, en face de Sucé, se trouve Monretrait, qui a remplacé une ancienne maison de plaisance des évêques de Nantes.

Ensuite la plaine de Mazerolles étale à nos yeux son immense nappe d'eau. Lorsque les grandes pluies de l'hiver ont grossi la rivière, le bassin de Mazerolles a plus de seize kilomètres de tour. On y voit deux îles célèbres : autrefois, disent les légendes, une forêt sans limites couvrait ces rivages solitaires. Le Sire de Mazerolles, qui chassait le cerf en ces lieux, y surprit une jeune fille, et celle-ci, se voyant sur le point de tomber entre les mains du méchant Seigneur, invoqua la Vierge Marie : A l'instant, les eaux soulevées par une main divine, engloutirent la forêt ; cependant **deux** îlots s'élevèrent encore au dessus de la plaine humide : sur l'un d'eux la jeune fille trouva un asile ; sur l'autre, le Sire de Mazerolles demeura captif et mourut.

Plus loin le bassin de l'Erdre va se rétrécissant ; le fleuve se transforme en ruisseau. Désormais, le bateau à vapeur, qui vous porte, vogue péniblement dans un étroit canal, à travers des prairies où paissent de nombreux troupeaux ; c'est un paysage de Ruysdaël, une églogue de Virgile :

Hùc ipsi potum venient per prata juvenci ;
Hic virides tenerâ prætexit arundine ripas
Mincius...................... (1)

Le château du Ponthus se dresse seul sur la rive. Démantelé au XVIᵉ siècle par arrêt du parlement, il passa des descendants du chancelier Chauvin (1482), à la famille de Goyon, qui fit construire, sur les ruines du vieux fort, une paisible demeure. Mais nous arrivons au terme de la traversée : la cloche du bateau annonce la dernière escale ; on envahit le pont du navire ; chacun cherche sa malle ou son paquet ; et déjà le clocher de Nort se détache sur le ciel.

Que vous dire de Nort ? Son nom figure peu dans l'histoire. Le droit de haute justice y était exercé par le Seigneur du Ponthus. Cependant, en 1075, les moines de Marmoutiers fondèrent un prieuré « au lieu de Hénor sur le fleuve de « l'Erdre. »

La ville se divise en trois quartiers : le Port-Mulon, Nort et Saint-Georges, dont les ponts furent commencés en 1753.

Deux fois en 1793, Nort fut occupé par l'armée Vendéenne : le 28 juin, les Vendéens, conduits par d'Autichamp, s'en emparèrent après un combat qui dura toute la nuit. Le lieutenant-colonel Meuris, commandant le troisième bataillon de la Loire-Inférieure, s'y couvrit de gloire en sauvant son drapeau. En décembre, quatre ou cinq jours avant l'extermination de Savenay, les derniers Vendéens, comme nous l'avons déjà dit, se divisèrent à Nort par de funestes rivalités.

Les mines de houille de Languin, qui se rattachent au banc de Montrelais, se trouvent dans la commune de Nort. Elles furent créées par lettres patentes du 15 juillet 1746.

Le touriste, après ce voyage dans une partie de cet arrondissement, aura-t-il le temps de nous suivre au château de Lucinière : Lucinière, nom mythologique ou champêtre, à cause des rossignols qui chantent dans ses bois :

« Vibrans lusciniæ modulatus. » (Pline.)

C'était autrefois un château-fort, où résida François Hamon, évêque de Nantes, neveu de Landais, ministre de François II, duc de Bretagne. Il dépend de la commune de Joué-sur-Erdre, où Charles VIII vint camper, après avoir levé le siège de

Nantes. 1487 ([14]). Cent ans plus tard Lucinière fut acquis par le Sire de Cornulier.

Non loin de ce château, au bord de l'Erdre, — qui n'est plus navigable ici, — on voit quelques vestiges de l'antique tour d'Alon. Mais craignez de passer le soir près de ces ruines hantées, vous verriez sans doute venir l'ombre de la jeune fille qui s'élança du haut de la tour... Demandez toutefois aux gens du pays le récit de cette intéressante aventure.

Vous visiterez enfin, dans le vallon de Vioreau, près de Joué-sur-Erdre, les magnifiques réservoirs ou bassins alimentaires du canal de Nantes à Brest. Ils présentent une superficie de 210 hectares.

La rigole, qui conduit les eaux du grand réservoir, a environ 21 kilomètres de longueur. Parmi les ouvrages d'art exécutés sur son parcours, on remarque un aqueduc souterrain long de 560 mètres, et quatre aqueducs soutenus par des arcades jetées sur les plus gra-cieuses vallées de l'Erdre.

FIN.

NOTES.

Note A. — Il existe plusieurs versions sur les premiers barons de Châteaubriant. Nous n'avons mis dans le texte que les noms *historiques*. Voici la généalogie complète, d'après le père Dupaz :

Brient Ier, fondateur, fils d'Eudon, comte de Penthièvre, et d'Onguen de Cornouaille. Il fut présent à la bataille d'Hastings, où Harold fut tué et vaincu par Guillaume-le-Conquérant. 1066.

Brient II, fils de Brient Ier et d'Ynoguen. 1070. — Il fonde le prieuré de Saint-

Sauveur de Béré, du consentement de sa femme Adelendis. Il laisse trois fils : Geoffroi, Guy et Téhel.

Geoffroi Ier. 1081. — Il laisse deux fils, Goscho et Brient III.

Goscho, vers 1100.

Brient III. 1114.—Il fut tué en guerre, pour la défense de sa patrie, le 1er décembre 1116.

Téhel, fils de Brient II. 1116.

Juhaël, fils de Téhel, 1130.

Brient IV, son fils. 1160. — Il épouse Agathe. — Ces barons sont fort peu connus ; les derniers semblent même incertains : aussi, ne voulant point fatiguer le lecteur, nous ne nommons dans le texte que Brient II, qui devient ici Brient IV.

Geoffroi II, son fils. 1185. — Il laisse deux enfants : Geoffroi III, et Anne qui épouse Robert de Vitré.

Ces prénoms, Goscho, Téhel, Juhaël,

Geoffroi ou Godffrid, désignent une origine Germanique : en effet, au temps des invasions qui remplirent les premiers siècles, les Germains envahirent l'Armorique, le territoire des Vénètes excepté; tandis que les Normands se portèrent su r les côtes du Nord de la Gaule et s'y éta blirent, après de sanglantes conquêtes.

Note B. — Armoiries. — Liste des croisades. —Geoffroi de Châteaubriant. Ses armes : de gueules, semé de fleurs de lis d'or, sans nombre.

Pierre de Dreux : échiqueté d'or et d'azur, au franc quartier d'Hermine, à la bordure de Gueules.

Guy de Laval : de gueules, au léopard d'or.

Rivallon de Dinan : de gueules à quatre fusées d'argent, semées d'Hermine, posées en fasce et accompagnées de six besants de même.

Olivier de Rougé : de gueules, à la croix pattée et alésée d'argent.

Gilles de Rieux , d'azur à dix besants d'or.

Autres listes. — Bonarbes de Derval : écartelé d'hermines et d'argent à deux fasces de gueules.

Jean de Tinténiac : d'argent à deux jumelles d'azur, chargées d'un bâton de gueules. « Il était issu d'Eustaice de Chasteaubrient, fille de Geoffroi VI, et d'Olivier de Tinténiac. Il remporta le prix et honneur d'avoir mieux fait à la bataille des Trente, et fut tué deux ans après à la rencontre de Mauron. »

Le combat des Trente. — 1351...
Voulant mettre un terme à la lutte impie qui désolait la Bretagne, le maréchal de Beaumanoir, du parti de

Blois, proposa au capitaine Anglais, Richard Bembroug, un combat de trente Bretons contre trente Anglais. Ils convinrent de se rencontrer au chêne de Mi-Voie, au milieu des landes de la Croix-Helléan, entre Josselin et Ploërmel.

Le jour convenu étant arrivé, les champions, après avoir entendu la messe, se rendirent au lieu désigné, et se préparèrent à combattre. « Bientôt ils viennent aux mains, et se joignent si rudement, dit d'Argentré, que le feu sort de leurs armes, non sans admiration d'une infinité de noblesse, venue là exprès, sous sauf conduit, pour voir ce grand spectacle. »

Les Anglais, au commencement de l'action, semblent avoir l'avantage. Déjà cinq chevaliers Bretons ont mordu la poussière ; de part et d'autre le sang coule à longs flots. Alors Beaumanoir, blessé, accablé de fatigue, s'arrête et et demande à boire. — « Beaumanoir, bois ton sang, s'écrie Tinténiac, ta soif se passera. » Ces paroles rendent au maréchal toute sa vaillance ; il s'élance au combat, ouvre les rangs des Anglais, que ce choc épouvante, et les Bretons sont vainqueurs !

Note C. — Thomase de Châteaubriant, fille de Geoffroi VI, femme de Roland de Dinan : de leur mariage naquit Roland de Dinan, tué à Auray, en 1365, laissant un fils, Charles de Dinan. Ce dernier laissa quatre fils, dont trois, Roland, Robert et Bertrand ont été barons de Châteaubriant. Mais nous avons omis le premier qui ne fut baron que quelques mois en 1418.

— Françoise de Dinan, veuve de Guy de Laval, morte en 1499, reconnut dans son testament pour son véritable époux Jean de Proëli, écuyer natif de Picardie, auquel elle dit avoir été unie depuis quatre ans, en mariage secret, et lui fit don de son hôtel de Châteaubriant, à Nantes.

Note D. — Derniers barons de Châteaubriant : Louis de Bourbon (le grand Condé), fils de Henri de Bourbon et de Marguerite de Montmorency.

L'un des plus grands généraux de la France, né à Paris, en 1621. Il fit ses premières armes au siége d'Arras, 1640 ; servit sous Turenne en 1642. Général en chef, l'année suivante, il gagna pour son début la bataille de Rocroi, où il anéantit les meilleures troupes d'Espagne ; ensuite il remporta, sur l'archiduc Léopold, la sanglante victoire de Lens, qui décida la paix avec l'Allemagne. S'étant attiré la haine de Mazarin, au commencement de la fronde, Condé fut détenu à la Bastille pendant quatorze mois. 1650.

— Remis en liberté, il traite avec les

Espagnols, marche sur Paris, et se fait battre par Turenne, dans le faubourg Saint-Antoine.. Invincible à la tête des français, Condé voit la victoire le trahir du moment qu'il commande les ennemis de sa patrie !

Mais plus tard, rentré en France, il prend une glorieuse part à la guerre de Hollande. 1672. — Il remplace Turenne, mort à Salzbach, et force Montécuculli à repasser le Rhin. Telle fut sa dernière campagne. Il se retira à Chantilly, et mourut en 1686. Ses descendants furent ensuite barons de Châteaubriant.

Henri-Jules de Bourbon-Condé, mort en 1709.

Louis-Henri de Bourbon-Condé, premier ministre sous Louis XV.

Louis-Joseph de Bourbon-Condé, mort en 1830, après avoir légué ses biens au duc d'Aumale et à la baronne de Feuchère.

Henri d'Orléans, duc d'Aumale, dernier baron de Châteaubriant, déchu de ce titre par suite de la vente de tous les biens appartenant à la famille d'Orléans sur le sol de la France. 1852.

Note E. — Hommes célèbres nés à Châteaubriant : Pierre Hunauld, célèbre médecin ; il a publié des ouvrages à la fin du XVIIe siècle.

François-Joseph Hunault, son petit-fils, né en 1701 : auteur d'ouvrages estimés sur la médecine, membre de l'Académie des sciences, il est mort à Paris en 1742.

Jean Luette, abbé de Saint-Gillès, curé de Saint-Louis des Français, à Rome, né en 1656.

Le comte Joseph de Fermon des Chapelières, né en 1756. Il a été député à la Convention, et président à l'Assemblée constituante.

Parmi les hommes célèbres nés dans l'arrondissement de Châteaubriant, on distingue : Pierre Boulay-Paty, savant conseiller à la cour de Rennes, député aux Cinq-Cents, né à Abbaretz, en 1763.

Bonnel, habile médecin, né à Fercé; mort en 1745.

Note F. — Église Saint-Nicolas. — Jean de Laval avait ordonné, par son testament, la fondation d'une collégiale à Saint-Nicolas; mais le connétable de Montmorency omit de remplir cette clause. Ce projet d'une collégiale fut repris par le prince de Condé en 1660, à l'instigation de l'abbé Barrin, gouverneur de Châteaubriant.

« Les archives prouvent que les habitants ont toujours orné et réparé cette église à leurs frais; donc elle leur appartient, et non au prince, comme le procureur d'office, pour faire le bon valet, a voulu le démontrer au conseil de Son Alteste. En 1696, on a reparé l'autel Saint-Jacques, et fait la figure de Saint-

Julien. Il reste à lambrisser l'église ; si au moins les officiers du prince donnaient le bois nécessaire, au lieu de se chicaner les uns les autres, et de chagriner ceux qui ne sont pas de leur parti ([15])... »

Le doyen de Châteaubriant, entr'autres priviléges, avait le pas au synode, sur tous les curés du diocèse ; mais ceux de Nantes tentèrent de l'usurper en 1669 ; ce que voyant le père Blays, « il s'y opposa avec tant de fermeté que les litanies, qui durent ordinairement toute la procession du synode, étaient finies avant qu'on sortit de la cathédrale. »

Note. G. — Nous devons dire ici que M. Ériau, sous-préfet de l'arrondissement, fait exécuter en ce moment, avec autant de zèle que de goût, des travaux de restauration, qui ont pour principal but de remettre au jour des débris curieux, masqués depuis longtemps par d'absurdes constructions.

NOTE H. — Reliques de Béré. —

« Le doyen Blays ayant un vif désir d'avoir de saintes reliques en son église, s'adressa à M. Luette de la Pilorgerie, curé de Saint-Yves des Bretons, à Rome, lequel, revenant en France, obtint du Saint-Père le corps entier de Saint Victorien. 1684. — Le doyen fit faire un beau reliquaire, par les plus habiles sculpteurs d'Angers, l'armoire et le tableau où sont encore aujourd'hui les reliques.

« Toutes choses étant disposées pour la translation, l'évêque de Nantes voulut y assister; le célèbre prédicateur Honoré de Cannes, fut le chef de cette mission ([15]). »

« Ces temps heureux pour Châteaubriant étant venus, le zélé missionnaire arriva avec douze capucins. Le 22 janvier 1686, tout le clergé et les fidèles allèrent à la maison de M. de la Pilorgerie, — dans la Grande-Rue, auprès des Halles, — recevoir la caisse contenant le corps du glorieux martyr, qui fut placé dans son reliquaire, et déposé à Saint-Nicolas, sous un dais : au-dessus était l'apothéose de Saint-Victorien, emporté au ciel par des anges ; Jésus-Christ dans le ciel lui tendait les deux mains. »

Il resta exposé jusqu'au 31 janvier, jour de sa translation à Béré. Plus de vingt mille personnes y assistèrent. Honoré de Cannes prêcha sur la place de Saint-Nicolas avec un zèle et des forces incroyables pour se faire entendre de tout ce peuple, que plusieurs cathédrales n'auraient pu contenir.

On eut dit Pierre l'Ermite prêchant la première croisade, ou le pape Urbain II, au concile de Clermont, disant : « C'est du sang Chrétien, racheté par le sang du

Christ... C'est de la chair Chrétienne, de même nature que la chair du Christ, qui a été livrée aux bourreaux !... »

On raconte dans les environs de Châteaubriant une légende sous le singulier titre de *la Belle ou la Bête de Béré*. Nos renseignements, incomplets à cet égard, ne nous ont appris que les détails qui suivent.

.....Il y a bien longtemps de cela...— En Basse-Bretagne, les *Discrévellers*, ou conteurs moralistes, diraient pour commencer ce récit : du temps que les pierres, qui ont servi à bâtir le château de Brient, étaient encore enfouies sous la terre, il y avait à Saint-Jean-de-Béré une belle jeune fille, belle et pieuse comme un ange du ciel.

Un jour de foire, ou de *pardon*, comme elle promenait avec sa mère, tout-à-coup un orage affreux éclata, et le tonnerre tomba sur un chêne à quelques pas des deux femmes.

La belle de Béré — on la nommait ainsi — poussée par la terreur, s'élança vers le couvent des moines, entra sous le porche et disparut aux yeux de sa mère éperdue. La pauvre femme courut aussi sous le porche; mais elle n'y vit plus personne.... Rien hélas! rien que la sombre porte du couvent fermée comme de coutume... Elle passa la nuit à faire plus de cent fois le tour du monastère, demandant sa fille à grands cris : mais nul ne vint lui rendre sa fille... et, quand le jour fut venu, on trouva, étendue sur la terre, la malheureuse mère que la douleur et l'effroi avaient privée de la raison.

Que devinrent-elles toutes deux ? la tradition est muette ou *mensongère* à leur égard. Toutefois depuis ces temps éloignés, aux veilles des événements terribles et des calamités publiques, on a vu souvent — disent les bonnes gens trop crédules, — errer le soir, à la place du monastère, tantôt l'ombre d'une jeune fille désolée, tantôt l'image fantastique d'une bête sans nom.

Note I. — *Huc ipsi potum venient...* — Là les troupeaux viendront d'eux-mêmes se désaltérer à travers les prairies; là le fleuve couvre de tendres roseaux ses verdoyants rivages.

Virgile, Églogue VII.

Note J. — Géologie. — La constitution géologique de cet arrondissement est très-variée : schistes, phyllades, psammites, et grès quartzeux alternant. — Du quartz agathe pyromaque formait ancienne-ment le pavé de l'église Saint-Nicolas.

Les schistes paraissent dominer dans cette contrée; on y voit de nombreuses carrières d'ardoises. Les pierres de la Villatte, près Nozay, sont assez remarquables. Erbray et Saint-Julien-de-Vouvantes possèdent de riches dépôts de Calcaire.

Depuis Abbaretz jusqu'à la forêt d'Ancenis, règne un côteau que les géologues nomment la *Côte de Fer*. On y trouve en abondance le minerai de fer qu'exploitent des forges considérables. — On remarque, en plusieurs endroits, dans les environs de Nozay, des monticules de terre qui sont peut-être des vestiges d'anciens camps retranchés. Le plus curieux se trouve au levant de Nozay, dans les landes du Bé, e ressemble à une redoute en terre, de forme à peu près quadrangulaire. Cependant on découvre aux alentours quelques restes de murailles. Serait-ce l'emplacement ignoré d'un antique château ?

Dans la commune de Vay, la butte

des *Fosses-Rouges* nous paraît avoir une origine analogue.

A quelle date, — nous le demandons anx antiquaires, — remontent ces travaux gigantesques ? A quels évènements se rattachent-ils ?....

HISTOIRE GÉNÉALOGIQUE

DES

SEIGNEURS DE DERVAL.

———

Nous avons déjà donné dans cet ouvrage quelques détails sur le château de Derval ; nous allons seulement rappeler ici les noms de ses premiers seigneurs.

Bonabes de Derval, vers 1169.

Guillaume de Derval, son fils, assista aux États généraux de Bretagne, tenus à Vannes, l'an 1203, pour aviser aux moyens de venger l'assassinat d'Arthur commis par Jean Sans Terre. — Nous raconterons ci-après ce touchant épisode.

Bonabes II : Guillaume II, son fils. — Guillaume III, sire de Derval, donna 20 livres de rente à l'abbaye de Melleray.

Bonabes III, fils de Guillaume. Il suivit, sous la bannière de Jean de Bretagne, comte de Richemont, fils du duc Jean Ier, le Roi Philippe le Hardi, à la conquête du royaume d'Aragon. Ensuite Bonabes épousa Aliénor de Châteaubriant, fille de Geoffroi V. De ce mariage naquit Bonabes IV de Derval, qui mourut en 1325, et fut inhumé dans la chapelle de Saint-Denis, voisine du château de Derval.

On lit encore sur son tombe au l'inscription suivante, que nous allons répéter ici pour rectifier celle que l'on trouve page 99 :

Cy gist Bonabes de Derval, fils de monssour Bonabes, jadis seignour de Derval, qui trespassa le quart jour d'aoust, l'an de grace mccccxxv.

Priez pour l'ame de ly que Diex bonne merci ly face.

A ce seigneur succédèrent les enfants d'Olivier de Rougé.

HISTOIRE GÉNÉALOGIQUE

DES

SEIGNEURS DE ROUGÉ.

—

La paroisse de Rougé possédait jadis un château fort, siége d'une ancienne Baronnie. On remarque à peine aujourd'hui les vestiges de l'antique castel, ruiné par le temps et les guerres ; et la charrue trace sans peine son sillon sur l'emplacement de ses murs.

« Nunc seges est ubi Troja fuit. »

Les sires de Rougé étaient les premiers vassaux de la Baronnie de Châteaubriant dont ils relevaient.

Hervé de Rougé. — Eudon, son fils, qui signa les lettres de fondation du prieuré de Béré, vivait sous Geoffroi Ier, Baron de Châteaubriant.

Yvon de Rougé épousa Anne Le Bigot, petite-fille de Hamon Le Bigot, fondateur de l'abbaye de Melleray.

Bonabes de Rougé, fils d'Yvon ; il fut du nombre des chevaliers qui s'allièrent avec Hugues de Cestrie, Raoul de Fougères et Geoffroi de Pouancé contre Henri II, roi d'Angleterre. Vaincus en bataille rangée, ils s'enfermèrent dans la tour de Dol, où Henri vint les assiéger. Au bout de neuf jours, accablés de fatigues et de privations, les soixante-dix chevaliers se rendirent à la merci du roi qui en jeta plusieurs au fond des cachots, laissant les autres libres de se retirer ; mais comme les ennemis s'étaient emparés de leurs châteaux et domaines, ils n'eurent d'autre ressource que d'errer dans les forêts, ou de travailler la terre pour le compte de l'anglais. Ainsi vécut longtemps le seigneur de Rougé. 1173-1183.

Olivier, sire de Rougé, Ier du nom. Olivier II, son fils, vers 1192. Bonabes II succéda ensuite à Olivier II, son père.

Ce seigneur et Geoffroi de Châteaubriant furent des premiers à demander vengeance à Philippe-Auguste de l'assassinat d'Arthur, dont nous allons raconter ici la fin tragique et lamentable.

...... L'an 1202 commença la guerre entre Jean Sans Terre et son neveu, Arthur de Bretagne, fils de Constance et de Geoffroi II, au sujet de l'héritage de Richard Cœur de Lion ; car on sait que, par le traité de Messine, Richard, à son retour de la Croisade, avait fiancé le jeune Arthur à la fille de Tancrède, roi de Sicile, et l'avait désigné pour son succes-

seur ; mais Jean Sans Terre, au mépris
des droits de son neveu, s'était emparé
du trône d'Angleterre , puis de la Normandie, et osait en outre porter ses vues
sur le Duché de Bretagne.

La vieille Armorique seule resta fidèle
à son Duc de quinze ans , plus fidèle
hélas que la fortune ! Cinq cents chevaliers et quatre mille hommes d'armes
accoururent en peu de temps se ranger
sous la bannière d'Arthur qui, se croyant
invincible à la tête de tant de braves,
courut imprudemment assiéger un château fort, dans le Poitou : c'était Mirebeau,
où résidait Aliénor d'Aquitaine, digne
veuve de Henri Plantagenet, aïeule et
implacable ennemie d'Arthur. Les Bretons , pleins d'audace, malgré leur petit
nombre, s'emparèrent de la ville ; mais
Aliénor se retira dans une forte tour qu'ils
ne purent enlever, et Jean Sans Terre,
arrivant sur ces entrefaites avec une armée, surprit par trahison les chevaliers

Bretons, au milieu de la nuit. Arthur lui-
même fut fait prisonnier. On le chargea
de fers, malgré sa jeunesse, on le traîna
sans pitié, par ordre de Jean Sans
Terre, de cachot en cachot, du château
de Falaise à la tour de Rouen. Plus
d'une fois, durant la nuit, Arthur fut
arraché de son sommeil par une voix
sinistre. Le prince épouvanté reconnais-
sait Jean Sans Terre, à la lueur d'une
torche fumeuse que portait un geolier ;
mais loin de fléchir devant son oncle, il
repoussait avec énergie ses propositions
mensongères. — « Oublie, lui disait Jean,
« oublie des couronnes que oncques ne
« porteras ; en retour tu auras mon
« amitié ; tu reverras le jour, la liberté...
« la liberté !.. entends-tu bien, beau
« neveu ? mais hâte-toi... »

« — Que ne ferais-je pour être libre,
« pour reprendre mon épée, pour revoir
« mes Bretons !... Que ne ferais-je !...
« mais trahir la Bretagne et sa cause

« sacrée, renoncer à une couronne que
« Philippe de France et Richard ont
« placée sur mon front !.. non jamais !
« jamais !... »

Jean Sans Terre écumait de rage et
tourmentait son épée.

« — Ainsi tu refuses, beau neveu,
« prends-y garde ; ne compte pas que
« ton parrain Philippe te vienne déli-
« vrer ; cette tour est forte ; Philippe t'a
« oublié, et je suis le maître ici ; ainsi
« donc....

« — Jamais tours ni épées ne me feront
« lâche au point de redire au droit que je
« tiens de mon père après Dieu..... Plu-
« tôt mourir que de tomber en pareille
« forfaiture !..

« — Ainsi sera fait, beau neveu, selon
« ta volonté..... »

Dès-lors, Jean ne s'occupa que de
mettre à exécution ses affreux projets ;
mais il chercha vainement des assassins ;

ses serviteurs même refusèrent de le seconder, tant la jeunesse et le malheur d'Arthur inspiraient de pitié à tous ceux qui approchaient de sa personne.

Arthur était encore au château de Falaise, confié à la garde de William Bruce, chambellan de Jean Sans Terre ; des misérables, gagnés par le roi, s'introduisirent, à l'insu du gouverneur, auprès du captif, pour le mutiler et lui crever les yeux. Le jeune Duc s'aperçut bientôt de leurs infâmes desseins et les supplia en pleurant de l'épargner. Ces hommes cruels hésitèrent un instant. Alors le prince, saisissant un banc, se releva soudain, et, frappant à coups terribles, il écarta les bourreaux surpris de sa vaillance. William Bruce (honneur à son nom), accourut à ce bruit dans la prison et en chassa ces misérables.

Mais la mort d'Arthur n'en fut que plus fortement arrêtée dans l'esprit de Jean Sans Terre. Voyant que la loyauté de Bruce s'opposait seule au crime qu'il méditait, il lui enleva son captif, et le fit enfermer dans le château de Rouen dont la Seine baignait les murs.

Un soir, le 3 avril 1203, veille du vendredi saint, le roi Jean, après avoir, au mépris de ce saint jour, longuement soupé, en compagnie du sire de Maulac, le roi Jean, ivre de fureur et de vin, se rendit sur un bâteau de pêcheur sous les murs de la tour où languissait Arthur. Il demeura seul sur le rivage, tandis que Pierre de Maulac allait chercher la victime.

Arthur affaibli par la souffrance, le désespoir et la faim, refusa d'abord de descendre de la tour ; Maulac alors n'eut pas honte de lui dire que la liberté l'attendait hors des murs de Rouen, et qu'il venait pour le sauver avec l'aide de William Bruce. A ce nom qu'il chérissait, à la promesse d'une liberté prochaine, Arthur suivit l'écuyer et arriva sur le

bord du fleuve. Là, voyant dans l'obscurité un homme qui attendait immobile,
il s'élança joyeux de son côté, en s'écriant :
« William, William ! en croirai-je mes
yeux ?.... »

Jean se retourna tout à coup, et le
prince épouvanté le reconnut, en frémis-
sant d'horreur, au feu terrible de ses
yeux.

« Ah ! s'écria-t-il en tombant à genoux,
ce n'est pas la liberté, c'est la mort qui
m'arrive !....

— « Venez, beau neveu, lui dit le roi,
venez voir le jour que vous aimez tant ; je
vous veux rendre libre et vous donner
un royaume. »

Mais le malheureux prince ne compre-
nait que trop le drame qui s'apprêtait ;
encore à genoux, il refusa de se relever
pour aller à la barque, où Maulac et Jean
le traînèrent de force ; puis le bateau
s'éloigna de la tour et descendit dans
l'ombre le courant du fleuve. — Pauvre

prince!.... avoir entrevu l'instant de sa délivrance, et se voir replongé dans l'abîme...; attendre un sauveur, William Bruce, — et trouver à sa place un bourreau, Jean Sans Terre..... — Amère ironie! cruelle déception!... Mourir à 16 ans, sous les coups d'un oncle; duc, prince et roi périr assassiné par son vassal..... — Le courage d'Arthur faillit peut-être à ce moment suprême : le duc de Bretagne tomba aux genoux de ses bourreaux Anglais, implorant leur pitié, demandant la vie, la vie pour prix de ses couronnes!...

Il était trop tard ! — Cette scène déchirante pour tout autre ne fit qu'irriter la fureur du monarque dont l'ivresse aveuglait la raison; il s'élança sur son neveu sans défense, le saisit par les cheveux et ordonna au sire de Maulac de frapper. L'écuyer, sans doute ému de pitié, refusa d'obéir. Alors Jean, exaspéré de rage, tira son épée, la plongea dans le corps

d'Arthur, et l'ayant retirée toute fumante.
il le frappa encore de coups inutiles.
Ensuite ils jetèrent dans la Seine le ca-
davre avec une lourde pierre au cou.

Telle fut la fin d'Arthur Ier, roi d'Angleterre, duc de Bretagne et de Normandie.

Ce fut alors que la Noblesse Bretonne
indignée cria vengeance d'une seule voix.

Les Etats s'assemblèrent à Vannes., et
l'on y remarqua les seigneurs de Rougé,
de Derval et de Châteaubriant.

Bonabes de Rougé fit des dons considérables à l'abbaye de Melleray, où il fut
inhumé devant la porte du chapitre.
— 1er mai 1252. —

Olivier IV de Rougé, son fils, épousa
Agnès, fille de Guillaume de Derval.
Guillaume, leur unique héritier, réu-

nit alors sur sa tête les deux seigneuries de Derval et de Rougé, annexées depuis cette époque. — Il existe au trésor des chartes de Bretagne, dit le père Dupaz, un titre daté du vendredi après la fête de Saint-Mathieu, 1317, par lequel Guillaume fut condamné à mille livres d'amende envers le Duc Jean III, « pour avoir outragé le sergent de ce prince. »

Bonabes III de Rougé, fils de Guillaume, ne laissa point d'enfants. 1338.

Jean de Rougé, frère de Bonabes, fut tué au siége de la Roche-Derrien (1348); son fils, Bonabes IV, entra au service de Philippe de Valois, et combattit sous la bannière de France à la bataille de Poitiers. 1356. Etant tombé au pouvoir du prince de Galles avec le roi Jean, Bonabes fut mené en Angleterre. De retour, après avoir payé sa rançon, il y fut renvoyé en otage pour le roi, qui lui donna, en récompense, le vicomté de la Guerche.

Irritéde la défection du sire de Rougé, Jean de Montfort fit remettre le château de Derval sous la garde de Robert Knolles, chevalier anglais, qui le conserva jusqu'à la paix de Guérande.

Jean II de Rougé succéda à son père en 1377, et mourut sans enfants, laissant l'héritage à Galhot de Rougé, son frère. 1394. Galhot épousa Marguerite de Beaumanoir, fille de l'illustre vainqueur du Combat des Trente.

Jean III, sire de Derval et de Rougé, fils du précédent, prit en mariage Béatrix de Rieux, fille de Jean de Rieux, maréchal de France, et mourut sans enfants. —Jeanne de Rougé, sa sœur, mariée au sire Armel de Châteaugiron, laissa les seigneuries à son fils Pâtry de Châteaugiron. 1416. Ce dernier fut tué, en 1427, au siége de Pontorson. — Valencé sa sœur, épousa Geoffroi de Combour ou de

Malestroit. De ce mariage naquirent Jean de Malestroit et Gilette de Malestroit qui fut mariée à Jean Raguenel ; Françoise Raguenel, leur fille (1470), dame de Derval, épousa Jean de Rieux, maréchal de Bretagne. Ils ne laissèrent qu'une fille, Françoise de Rieux (1481), qui fut unie à François de Laval, baron de Châteaubriant (Voir page 37).

FIN DES GÉNÉALOGIES.

RENVOIS.

Numéros mis
dans le texe.

1. Augustin Dupas. — Histoire généalogique des illustres Maisons de Bretagne, page 6.

2. M. Pitre Chevalier. — Bretagne ancienne, p. 315.

3. Voir pour ces droits, notre Histoire élémentaire de Bretagne, pages 126 et 127.

4. M. Lavallée. — Histoire des Français, tome 2, page 13.

5. M. Pitre Chevalier, page 444.

6. D'Argentré. — Histoire de Bretagne, page 632, ligne 11.

7. Ogée. — Page 191.

8. M. de Châteaubriand. — Mémoires d'outre Tombe, tome 12, pages 251 et 247.

9. Mémoires inédits du doyen Blais, communiqués par M. Moisan, curé de Sion.

10. M. Lavallée. — Tome 3, page 142. et Richelieu, tome 7, page 177.

11. M. Pitre Chevalier.— Bretagne et Vendée, p. 307.

12. M. Crétineau-Joly. — Vendée militaire, tome 1, page 424.

13. Atlas de la Loire-Inférieure. — MM. Charpentier, éditeurs.

14. — Voir, pour plus de détails sur ces communes, la Géographie de M. Guéraud, p. 86, 104, 168.

15. Mémoires inédits, et archives diverses.

NOTE

SUR LA COMMUNE DE SAFFRÉ,

ajoutée sur la demande

DE PLUSIEURS SOUSCRIPTEURS.

Non loin de la route qui conduit de Nort à Nozay, se trouve le château de Saffré dont les seigneurs, à de fréquentes époques, ont joué un rôle important dans l'histoire.

Foulques de Saffré (le premier dont

parlent les chroniques), chevalier, sire de Saffré et de Sion, épousa, vers le milieu du xiii⁰ siècle, dame Philippe de Laval, et en eut un fils, nommé Alain de Saffré. Ce seigneur, de son mariage avec Olivia de Bourgon, laissa une fille, Jeanne de Saffré, qui fut unie à Jean de Tournemine, seigneur de la Hunaudaye ; et par ce mariage les domaines de Saffré passèrent dans la maison de Tournemine. 1420.

— Leurs armoiries étaient *écartelées d'or et d'azur.*

—

Françoise de Tournemine, arrière-petite-fille de Jeanne de Saffré, épousa, en 1538, Claude d'Annebaud, amiral et maréchal de France.

Jean d'Annebaud, leur fils, baron de

la Hunaudaye, sire de Sion, de Saffré, etc., tué à la bataille de Dreux, contre les huguenots, ne laissa point d'enfants.

Magdeleine d'Annebaud, sa sœur, mourut également sans postérité ; et ce brillant héritage fut recueilli par René de Tournemine, son cousin au quatrième degré

Catherine de Tournemine, fille de René, épousa Joseph de la Motte.

Jeanne de la Motte, sa fille, fut unie en premières noces à François de Coligny, fils de Dandelot, colonel général de l'infanterie française ; en secondes noces à Jean de Rieux, marquis d'Acérac, qui se noya dans le Tibre, à Rome, en voulant sauver son page, le 14 août 1610, trois mois après la mort de Henri IV ; en troisième mariage, Jeanne épousa le marquis de Rosmadek. — Deux fils naquirent de cette union.....

Ici s'arrêtent les chroniqueurs qui nous servent de guides.

Le château de Saffré et la forêt du même nom appartenaient, en dernier lieu, à M. O'Riordan, qui vendit ces domaines à M. Cottin. Ce dernier les céda à M. Hugues Leloup de Beaulieu.

La rivière d'Isac, qui se jette dans la Vilaine, prend sa source en un gouffre sans fond, célèbre dans les traditions populaires du pays. On voyait, naguères encore, dans la forêt de Saffré, les ruines d'un édifice qui était sans doute le château du fief Robert. Les terres occupées par cette forêt devaient être habitées autrefois ; on y remarque une fontaine entourée de murs, appelée la Fontaine aux Chasseurs.

La seigneurie de Saffré relevait du roi. Elle avait le titre de Châtellenie, avec haute justice.

ERRATA.

—

Page 37, ligne 2, au lieu de : *fils de Charles le Téméraire*, lisez : *fils de Philippe le Bon*, duc de Bourgogne.

Page 62, ligne 5, on lit : *Pour échapper à la mort* — cons ruisez la phrase ainsi : *Les Vendéens, pour échapper à la mort, descendirent vers la Loire*, etc.

Page 135, ligne 16, après le mot Bé, écrivez : *et*.

Page 138, ligne 20, lisez : *tombeau*.

Page 146, ligne 14, au lieu de *redire au droit*, lisez : *renoncer*.

Page 155, lisez : Numéros mis dans le *texte*.

TABLE DES MATIÈRES.

—

FIN DE LA TABLE.